HANS URS VON BALTHASAR
TEXTE ZUM IGNATIANISCHEN EXERZITIENBUCH

Suscipe

S. 205 (Gebet)

CHRISTLICHE MEISTER

46

HANS URS VON BALTHASAR

TEXTE ZUM IGNATIANISCHEN EXERZITIENBUCH

AUSWAHL UND EINLEITUNG
VON JACQUES SERVAIS SJ

JOHANNES

Mit kirchlicher Druckerlaubnis

Satz: Johannes Verlag Einsiedeln
Druck: Kösel, Kempten
ISBN 3 89411 319 7

INHALT

EINLEITUNG

Die aus dem Werk Hans Urs von Balthasars ausgewählten und hier vorgestellten Texte beziehen sich auf das Exerzitienbuch des hl. Ignatius von Loyola. Sie möchten sowohl dem, der die Exerzitien macht, wie dem, der sie gibt, einen Leitfaden zu tieferem Verständnis und besserer Anwendung der ignatianischen Methode anbieten.

Die Texte stammen aus Werken verschiedenster Art, die frühesten liegen bereits 1944 vor (Das Weizenkorn. Vgl. das Quellenverzeichnis mit den entsprechenden Abkürzungen am Ende des Bandes). Da die Denkwelt des Verfassers unseres Erachtens schon in den frühen vierziger Jahren seinen untrennbar theologisch-spirituellen Schwerpunkt gefunden hatte, ist es zu rechtfertigen, Texte aus allgemein verständlichen Werken und andere aus mehr theologisch-philosophischen Schriften nebeneinander zu stellen. Es wurden vor allem Stellen gewählt, in denen sich Balthasar namentlich auf die ignatianischen Exerzitien bezieht. Somit wird man hier kaum Ausführlicheres über die Geheimnisse des Lebens Christi finden (nn. 261ff.), die er oft anderswo in Schriftbetrachtungen kommentiert hat. Eine Ausnahme bilden einzelne Texte zur Beichte, zur Eucharistie und zum Mysterium Paschale: diese im Exerzitienbuch wohl enthaltenen, doch wenig thematisierten Stellen beanspruchten in den Exerzitien, die er selber gab und die seine Arbeit als Autor unablässig begleiteten und ergänzten, einen wesentlichen Raum.[1]

Um dem Zweck dieser Auswahl zu entsprechen, wurden Stellen weggelassen, die im philosophischen oder theologischen Bereich eine besondere fachliche Kompetenz erfordern. Die hier gesammelten Texte setzen allerdings eine wenigstens be-

[1] *Unser Auftrag*, 157-197, gibt eine Übersicht über den Gesamtablauf der Exerzitien, wie Balthasar sie regelmäßig jungen Männern und Frauen erteilte.

ginnende Vertrautheit mit dem Exerzitienbuch voraus, in das allein persönliche Erfahrung einzudringen vermag. Die Register am Ende der Auswahl sollten einen differenzierten Gebrauch des Bandes ermöglichen.

Balthasar ist bekanntlich kein systematischer Denker. Seine sich in steter Bewegung befindliche Reflexion widerstrebt einer linearen Führung, läßt aber nie eine genaue Ausrichtung, eine «Gestalt» vermissen. Was Balthasar durch alle diese Texte führt, ist eine Leitidee, die er immer wieder aufgreift und gleich einem Concerto Mozarts in zahlreichen Variationen entfaltet. Daß diese Leitidee der Grundintuition des hl. Ignatius zutiefst entspricht, ist die feste Überzeugung des Herausgebers dieser Texte. Tatsache ist jedenfalls, daß eine noch so unverzweckte Lektüre Balthasars immer in irgendeiner Weise zum Stoff des Exerzitienbuchs hinführt, dessen Eigenstruktur er voll Ehrfurcht respektiert. So war es nicht schwierig, der vorliegenden Auswahl, die dem allgemeinen Aufbau der ignatianischen Methode Schritt für Schritt folgt, die äußere Form eines Kommentars zu geben. Dies sollte allerdings nicht dazu verleiten, in Balthasar den Vater dieses Unternehmens zu sehen, das er selber nie geplant hatte. Der Leser sollte ferner auch nicht vergessen, daß die Texte aus ihrem näheren Zusammenhang herausgenommen sind, somit, im Hinblick auf ihre Integration in einen möglichst organischen Kommentar, hier und dort Anpassungen erforderten: leichte Veränderungen des Satzbeginns, Verweise auf die jeweiligen Nummern der Geistlichen Übungen, Vereinheitlichung der Quellen- und Literaturangaben usf.

Diese Einleitung hat auch keineswegs die Absicht, sich mit offenen Fragen und kritischen Einwänden auseinanderzusetzen, noch will sie im voraus eine Interpretation Balthasars entwerfen. Nach der Situierung der gesammelten Texte in Leben und Werk ihres Verfassers wird sie sich darauf beschränken, auf gewisse zentrale Punkte hinzuweisen, die dem

Leser einen Blick auf die unsichtbare Mitte erlauben, die dem hier vorgestellten Kommentar seine innere Einheit verleiht.

I. Balthasar, ein Praktiker der Exerzitien

Was an Balthasar besonders beeindruckte, wenn man ihn auf einer Tagung oder auf die Einladung eines Freundes hin kennenlernte, war sein einfaches, bescheidenes, unbetontes Wesen und zugleich seine Offenheit und Bereitschaft, mit der er seinen jungen Gesprächspartnern auf oft ungeschickt formulierte Fragen antwortete, hinter denen er ein ernsthaftes Problem wahrnahm. Er hatte nichts von einem Professor (er ist es nie gewesen), nichts auch, wenigstens in seinem Auftreten, von einem genialen Theologen (was er sicherlich war), er hatte viel eher etwas von einem geistlichen Meister, der mit einem Wort den oft lang gesuchten Weg wies, den Schüchternen Mut machte, die Ungeduldigen zügelte (mit dem gern angeführten Jesaja-Wort [28,16 hebr.]: «Wer glaubt, wird nicht eilen»), die Übereifrigen zurückband (ja ihre falsche Sicherheit absichtlich erschüttern konnte), der sanft und sicher zu führen verstand. In einem persönlichen Gespräch, einem kurzgefaßten Brief (den der Empfänger zu seinem Erstaunen bereits wenige Tage nach seiner Anfrage erhielt) griff er irgendein Paradox auf, was dazu zwang, dem Gedanken weiter nachzugehen.

Nicht selten, besonders in seinem Kontakt mit Jugendlichen auf der Suche nach dem Willen Gottes in ihrem Leben, riet er auch zu der ignatianischen Methode der Geistlichen Übungen. So schrieb er einem achtzehnjährigen Turiner voller Fragen:

> [...] Dank für Ihren guten Brief, der mehr Probleme aufwirft, als ich in wenigen Zeilen beantworten kann. Zunächst: Haben Sie Geduld mit sich selbst und mit Ihrem Alter, wo die Suche nach einem Lebensstand und ein unruhiges Zurückblicken auf sich selbst zusammenprallen. Das letztere muß überwunden werden. Was verschlägt's, was mir persön-

lich passiert (ob ich ‹mich› auferbaue oder zuschanden werde!): sofern ich nur den Willen Gottes tue. Eigentlich wären Sie reif – mit einem sehr erfahrenen geistlichen Leiter – die wahre Einkehr des hl. Ignatius (die Exerzitien) zu machen, die kein anderes Ziel haben, als in Ihnen (hinsichtlich der Avatare Ihres ‹Ich›) die vollkommene Indifferenz zu schaffen, um Sie schließlich für die Berufung des Herrn bereit zu machen. Diese ist wesentlich die seine und nicht die meine (was mir innerhalb der heutigen Gesellschaft usf. nützlicher erscheint), und um sie zu vernehmen, muß im Gebet und in der ganzen inneren Verfassung völliges Schweigen hergestellt werden. Christus könnte Sie z.B. auch als Trappist berufen, damit Sie mit Ihm zusammen die Sünde der Welt wirksam sühnen) (dies nur als Beispiel) [...].[2]

Balthasar selber gab regelmäßig Exerzitien. In Basel, wohin er 1940, nach vollendeter Ausbildung in der Gesellschaft Jesu, als Studentenseelsorger geschickt wurde, bestand eine seiner ersten Initiativen im Angebot der ignatianischen Exerzitien an Studenten. «Ich gab jährlich Exerzitien für Studenten, öfter auch für Studentinnen...»[3] *– was zu dieser Zeit, nach Mgr. P. Henrici, «ein Novum» war.*[4] *Es handelte sich hier nicht um die üblichen Einkehrtage, sondern, wie Balthasar klarstellt, um Geistliche Übungen nach der Methode des hl. Ignatius.*[5] *Sie wurden ausdrücklich als Exerzitien auf eine Lebenswahl hin vorgestellt. Für die «Studentische Schulungsgemeinschaft», die er mit seinem jungen Freund, Robert Rast, bald nach seiner Ankunft in Basel gegründet hatte,*[6] *bildeten sie sogar eine Vorbedingung zur Aufnahme in ihre*

[2] Brief an R. Graziotto, veröffentlicht in H.U. von Balthasar, *Incontrare Christo* (Piemme, Casale Monferrato 1992) 259-260. Nach dem vom Empfänger liebenswürdigerweise überlassenen französischen Original.

[3] *Erster Blick* auf Adrienne von Speyr, 36.

[4] Erster Blick auf Hans Urs von Balthasar, in: Gestalt und Werk, 29.

[5] *La realtà e la gloria*, 129.

[6] Zur Studentischen Schulungsgemeinschaft sowie zur späteren Akademischen Arbeitsgemeinschaft, vgl. P. Henrici, Gestalt und Werk, 20-30; ferner Max Greiner, *Die Johannesgemeinschaft. Ein Gespräch mit Cornelia Capol und Martha Gisi*, in: Gestalt und Werk, 136 und Anton Cadotsch, *Dank an den Seelsorger*, in: *Hans Urs von Balthasar 1905-1988*. Privatdruck der Akademischen Arbeitsgemeinschaft, Basel 1989, 24-27.

Reihen. Nicht wenige der männlichen Teilnehmer traten in die Gesellschaft Jesu ein, manche beschlossen, Laien zu bleiben, in der Hoffnung, eine Form der Weihe an Gott in der Welt zu finden. Von den jungen Frauen engagierte sich bald darauf ein erster, sich allmählich erweiternder Kreis in der Johannesgemeinschaft, der neuen Gründung, die Balthasar zusammen mit Adrienne von Speyr Ende September 1945 ins Leben gerufen hat.[7]

Nach seinem Austritt aus der Gesellschaft rissen diese Tätigeiten nicht ab. Der Anfragen und Verpflichtungen waren so viele, daß sich Balthasar nicht nur auf bestimmte, begrenzte Zirkel beschränken konnte. Nach 1958 übernahm er die jährlichen Exerzitien des Cusanus-Werkes, die jedesmal, wie er berichtet, zwischen vierzig und achtzig Teilnehmer zählten. 1965 erklärte er, nicht ohne tiefgefühlte Dankbarkeit, an die hundert Exerzitienkurse gegeben zu haben. Wenn er sich auch in den späteren Jahren mit zahlreichen anderen Aufgaben abgeben mußte – nicht bloß mit seinem literarischen Werk, mit Vorträgen und seinem eigenen Verlag –, sondern von allen möglichen anderen Verpflichtungen – wie der Mitarbeit in der Internationalen Theologenkommission, der Teilnahme an der Bischofssynode oder an einem Internationalen Eucharistischen Kongreß – in Anspruch genommen wurde, die Exerzitienarbeit hat er nie vernachlässigt. Sie veranlaßte ihn in den achtziger Jahren dazu, eine Gruppe Seminaristen und junger Priester um sich zu sammeln, die zum Wurzelstock des Priesterzweiges der Johannesgemeinschaft werden sollte.

Balthasar gab gerne Exerzitien: «...wenn irgendwo, waltet hier christliche Freude».[8] *Denn sie verweisen den, der sie gibt, jedesmal auf die ursprüngliche Erfahrung zurück: «Das Wichtigste freilich vollzieht sich jeweils in den Exerzitien selbst,*

[7] *Unser Auftrag* , 134-135.

[8] *Mein Werk*, 40.

die man nicht ‹geben› kann, ohne sie selber aus dem Ursprung neu mitzuempfangen.»[9] *Er war von ihrer Aktualität zutiefst überzeugt.*

> Für die Kirche bleibt er [Ignatius] mit seinem linkisch redigierten, unliterarischen Exerzitienbuch lebendigste Gegenwart. Wer zählt die Hunderttausende von Berufungen, die es im Lauf der Zeiten erweckt hat und heute unvermindert hervorbringt? Zu dem darin vorgezeichneten Ereignis gibt es keine Alternative, so viele solcher sich versucht und angeboten haben.[10]

Welche Methode ist schließlich eher imstande, den Christen heute die Kraft einer Erneuerung nach dem Evangelium zu vermitteln, der sie mehr bedürfen denn je? «Die Exerzitien», so meinte Balthasar, «erscheinen so jünger und aktueller als je.» Und im Blick auf unsere Zeit fügt er hinzu:

> ...viel zuwenig sind sie in diesen vierhundert Jahren charismatischer Kern einer Offenbarungstheologie geworden, die die überlegene Antwort auf alle die Christen schrekkenden Zeitprobleme bieten könnte.[11]

II. Die Übertragung der Exerzitien

Im Rahmen dieser Exerzitienarbeit veröffentlichte Balthasar 1946 auch eine neue Übersetzung des Exerzitienbuchs nach dem spanischen Autograph,[12] *als Instrument für diese Arbeit, «um es seinen Exerzitanden auslegen und später auch in die Hand geben zu können».*[13] *Die Aufnahme des Exerzitienbuchs (in seiner zweiten Auflage 1954) in den Johannes Verlag, als erstes Bändchen der Reihe* Sigillum, *die sich als Ziel gesetzt hatte, Meister des geistlichen Lebens vorzu-*

[9] Ebd. 99-100.

[10] *Du hast Worte*, 61.

[11] *Mein Werk*, 19.

[12] Sie stützt sich auf den Text des spanischen Autographs, das in den römischen Archiven der Gesellschaft Jesu aufbewahrt wird, und von dem die MI 1919 in: MHSJ, Bd. 57 eine erste Veröffentlichung herausgegeben haben. Die erste deutsche Ausgabe erschien bei Josef Stocker, Luzern.

[13] P. Henrici, in: Gestalt und Werk, 29; vgl. auch 36, 38, 41.

stellen,[14] *zeigt die Bedeutung, die er ihm zumaß. Und obschon andere Übertragungen folgten,*[15] *seine Übertragung erscheint in immer neuen Auflagen.*

Im Gegensatz zu den meisten früheren und späteren Ausgaben des Exerzitienbuchs, bietet die Übertragung Balthasars weder eine Einführung noch glossierende Anmerkungen. «Zum wirklichen Verständnis reicht die Lektüre des durch einige Anmerkungen versehenen Textes nicht hin: man muß die Exerzitien machen, um sie kennenzulernen, und sie aufs gründlichste studieren, um sie geben zu können»,[16] *erklärt er in seinem kurzen Nachwort zu seiner Ausgabe, wo er auch die Grundlinien darlegt, denen seine Arbeit folgt. Die Geistlichen Übungen sind kein Betrachtungsbuch, sondern eine Anleitung zuhanden dessen, der die Exerzitien gibt, eine Art Kompendium, das von diesem persönliche Praxis und Einarbeitung verlangt, ohne die sie ihr Geheimnis nicht preisgeben werden.*

In seiner Übertragung hält sich Balthasar getreu an den Text des Exerzitienbuchs, was ihn nicht hindert, den Text dort zu verbessern oder zu klären, wo er einen Irrtum wahrzunehmen glaubt,[17] *oder es für nötig erachtet, den Sinn leicht zu verdeutlichen, um Mißverständnissen vorzubeugen, zu denen das allzu knappe Autograph verleiten könnte. Darin folgt er dem Beispiel P. Roothaans,*[18] *dessen mit Anmerkun-*

[14] Die Reihe versucht «auf kleinem Format Zugang zu den Quellen der geistlichen und mystischen Tradition zu verschaffen». Sie umfaßte 26 Bändchen, von denen, neben den *Exerzitien,* neun andere von Balthasar selber herausgegeben wurden. 1980 wurde sie von der Reihe *Christliche Meister* abgelöst.

[15] Verweisen wir vor allem auf diejenigen von Adolf Haas mit einem Vorwort von Karl Rahner (Herder, Freiburg 1967, [2]1976) und von Peter Knauer (St. Benno Verlag, Leipzig 1978, [3]1988).

[16] EB, Nachwort, 115.

[17] So spricht er EB n. 199: «von den zwei Bannern» und nicht wie im Original steht: von «los dos binarios».

[18] Versio litteralis. Vgl. etwa EB nn. 157, 161, 162, 163, wo sich Balthasar in seiner Übersetzung der treffenden Bemerkung Roothaans anschließt, wonach «das spanische Wort *verano* sowohl für Sommer wie für Frühling stehen kann».

gen versehene Übertragung man den Jesuiten in die Hand zu legen pflegte. Er läßt sich von den Hinweisen im Directorium *von P. Acquaviva leiten.*[19] *Daß solche Zusätze sorgfältig durch eckige Klammern angemerkt werden, braucht kaum erwähnt zu werden. In seiner Sorge um eine getreue Wiedergabe fügt der Übersetzer auch eine Reihe spanischer, für Ignatius besonders charakteristische Wörter und Wendungen in Klammern hinzu.*[20]

Diese Sorge wird bei ihm allerdings von der Freiheit des einfühlenden Übersetzers begleitet, der sich möglichst getreu an den Geist hält, der den Buchstaben des Büchleins beseelt. «Die Exerzitien», so schreibt er, «versuchte ich so zu übersetzen, daß im Wort das lodernde Feuer des personalen Jemehr – der gemeinsame Rhythmus von Ignatius und Johannes durchtönt.»[21] *Przywara folgend,*[22] *hebt er die Bedeutung des Wörtchens* más *oder* mejor *hervor, das sich als formales Element vom einen Ende des ganzen Exerzitienbuchs bis zum anderen durchhält und schon in den* Bemerkungen *auftaucht. So in n. 18:*

> Desgleichen soll einem jeden entsprechend der Weise, in der er sich zur Verfügung stellen will (disponer), das vorgelegt werden, woraus er jeweils mehr Nutzen und Fortschritt ziehen kann.

[19] Das geschieht etwa in der *Ersten Einstellung* zur Besinnung über *los tres binarios* (EB nn. 149-157), wo er den Vorgang dahingehend präzisiert, daß die «zehntausend Dukaten [rechtmäßig]» erworben wurden. Vgl. Dir. Nr. 211. Der Zusatz erlaubt, jedes mögliche Mißverständnis zum vornherein auszuschließen: es geht nicht um die Rückgabe widerrechtlich erworbenen Gutes, das man ja nicht behalten dürfte (vgl. EB n. 150).

[20] Vor allem weist er auf Ausdrücke hin, die die vom Exerzitanden erforderte Haltung der reinen und großmütigen Bereitschaft unterstreicht: *disponer, disposición, dispuesto, presto y diligente, intención, limpia* oder auch: *affectarse*.

[21] *Mein Werk*, 18-19.

[22] Erich Przywara, *Deus semper major. Theologie der Exerzitien,* 3 Bde (Herder, Freiburg 1938; zweite leicht verbesserte Auflage Herold Verlag, Wien 1964). Ins Zentrum der Exerzitien stellt Przywara den dynamischen Komparativ des *magis,* wie er in *Prinzip und Fundament* erscheint.

In seiner Übersetzung intensiviert Balthasar den Ausdruck: «je(weils) mehr», indem er den ignatianischen Komparativ innerhalb des Satzes in Klammern setzt:

> Wer deshalb [nur] verlangt, daß man ihm behilflich sei, sich zu unterrichten und bis zu einem gewissen Grade der Beruhigung seiner Seele zu gelangen...

Im Gegensatz zum «kleinen geistigen Horizont (de poco subyecto)» *oder zur «kleinen natürlichen Fassungskraft* (de poca capacitad natural)»,[23] *stellt der von Ignatius gesetzte dynamische Komparativ den Wert des geistigen Schwungs jener heraus, die sich den Exerzitien* con grande ánimo y liberalidad [24] *widmen, das heißt mit den inneren Eigenschaften, die Vorbedingung sind für die der «immer-größeren» Erhabenheit des Geheimnisses entsprechende Bereitschaft. Der Ausdruck wiederholt sich vornehmlich in der Schlußfolgerung von* Prinzip und Fundament.

> [...] dergestalt, daß wir von unserer Seite [...] einzig das ersehnen und erwählen, was uns jeweils mehr zu dem Ziele hin fördert, zu dem wir geschaffen sind.[25]

Die Übertragung läßt den Komparativ noch deutlicher hervortreten, da dieser hier in einer Beziehung zum Wort «gleichmütig» (in Klammern: indiferentes) *im vorausgehenden Satz erscheint wie zu der Präposition para «um zu» des Anfangs, die noch verstärkt wird zu einem «dazu hin»: Der Mensch ist auf ein transzendentes Ziel hin geschaffen, dem er entspricht, indem er seinen Gott und Schöpfer lobt, verehrt und ihm dient.*

[23] EB n. 18. Die ziemlich freie Übersetzung Balthasars entspricht der in Klammern gesetzten spanischen Ausdrucksweise.

[24] EB n. 5: ein weiterer bedeutungsvoller Ausdruck, den Balthasar in Klammern wiedergibt.

[25] «...solamente deseando y eligiendo lo que *más* nos conduce para el fin que somos criados» (EB n. 23). Zu vermerken ist, daß die Versio vulgata hier zu Unrecht das Adverb *magis* wegfallen läßt, ebenso in der Wendung von EB n. 189: «*mayor* alabanza y gloria» das Adjektiv *mayor*. Dazu vgl. auch C. de Dalmases, *Ejercicios Espirituales* (Sal Terrae, Santander 1987) 58, Anm.

An anderen Stellen bemüht sich der Übersetzer, den unliterarischen Charakter des Originaltextes so gut wie möglich zu wahren. Am Stil des Exerzitienbuchs schätzt Balthasar: «die fast unnachahmliche adelige Strenge, Kürze und Unpersönlichkeit, deren die hinreißende Glut des Gehaltes notwendig bedarf, um sich darin sowohl zu verhüllen wie auszudrücken.»[26] *Was dem ignatianischen Stil diesen lakonischen und herben Ton verleiht, ist, nach Balthasars Ansicht, der immer wiederkehrende Gebrauch des unpersönlichen Infinitivs. In dem meist anonymen Schreibstil ist der seltene Gebrauch des Personalpronomens auffallend. Tatsächlich wird dieser für Ignatius so kennzeichnende unpersönliche Infinitiv vom Übersetzer nur an seltenen, genau gewählten Stellen, wie etwa im* Gespräch *n. 53, zugunsten der Konstruktion in der ersten Person zurückgenommen, was dem «Ich» dann auch die ganze Fülle seiner Bedeutungs verleiht.*[27] *Nach ihm setzt der unpersönliche Stil der Exerzitien das Wesen einer Spiritualität ins Licht, die den Menschen allmählich von sich selbst loslöst, um ihn einer immer objektiveren Betrachtung der Offenbarung entgegenzuführen. Dieser Zug ins Anonyme und Objektive ist die notwendige Form, damit der Gehalt sich selber offenbaren kann, als ein Gehalt, der sich zugleich verhüllt und in seiner Verhüllung kundtut, wie ein im Dunkeln brennendes Feuer, eine «hinreißende Glut», die, um brennen zu können, all das, was wir sind, in ihren Flammen*

[26] EB Nachwort, 115. Zur Dialektik des Verhüllens und Enthüllens als Voraussetzung der Offenbarung vgl. H I, 424ff.; TL I, 233-246.

[27] Im Unterschied zu anderen Übersetzungen, die dem Stil eine subjektive Note verleihen, bemüht sich Balthasar mit äußerster Strenge, dort das Personalpronomen nicht zu verwenden, wo es Ignatius nicht braucht oder wo es unter seiner Feder kein besonderes Gewicht hat. Ein Beispiel bietet EB n. 51, wo er, außer für das völlig unbetonte *dijo,* die erste Person nicht verwendet. Im Gegensatz dazu nimmt die Wendung in EB n. 53 *mirando a mi mísmo* innerhalb der Dynamik der *Ersten Übung* der *Ersten Woche* die existentielle Intensität einer Selbsterforschung angesichts des Erlösers an. Vgl. schon hinsichtlich der Hölle: *quantas veces yo le he merecido...*, in EB n. 50.

mit sich fortreißen muß. Das Wort, das Balthasar auf Origenes anwendet: «Flamme bin ich sicherlich!»[28] *gilt auch für den Heiligen von Loyola, der gleichsam von der Herrlichkeit der demütigen Liebe Gottes verzehrt wurde. Ignatius' Sprache trägt das Siegel der Erfahrung des göttlichen Feuers. Doch bei ihm verbirgt sich die Glut des Herzens tiefer noch in die Nüchternheit, die Zurückhaltung, die herbe Strenge eines lakonischen und unpersönlichen Stils.*

III. Balthasar in der Schule der Exerzitien

Balthasar war tief überzeugt, daß die Exerzitien des Ignatius zunächst ein Leitfaden sind für die Praxis des christlichen Lebens und ihr Geheimnis nur dem preisgeben, der sie macht. Keineswegs nur Theorie, stammt seine Kenntnis des Exerzitienbuchs aus der langen Erfahrung eines Mannes, der sie nicht nur viele Male gegeben, sondern sie auch selber mehr als einmal mit großem Ernst gemacht hat.

Die ersten Exerzitien, an denen Balthasar teilgenommen hat, spielen in seinem Leben eine entscheidende Rolle: sie markieren eine Zäsur zur Vergangenheit, eröffnen aber vor allem einen Weg, dessen Sinn die späteren Ereignisse nur bestätigen und verdeutlichen werden. Unverhofft traf ihn dort eine Gnade, die ihn zur radikalen Umkehr aufrief. Es ist Sommer 1927, Hans Urs ist 22 Jahre alt und arbeitet an seiner Dissertation in Germanistik. Er hatte sich einer Gruppe von Laienstudenten angeschlossen, denen P. F. Kronseder SJ in Wyhlen,[29] *nicht weit von Basel, die dreißigtägigen Exerzitien gab. Bei seiner Rechenschaft über das Ereignis bezieht sich Balthasar auf die erste der drei im Exerzitienbuch unter-*

[28] *Geist und Feuer,* 24.

[29] Wyhlen (nicht Whylen, wie in: Gestalt und Werk, 23, oder «das kleine Nest Wyhlen» und dort im «sog. Michaelsinstitut», ebd. 136); vgl. Manfred Lochbrunner, der in: *Analogia Caritatis. Darstellung und Deutung der Theologie Hans Urs von Balthasars* (Freiburger Theologische Studien, Herder, Freiburg 1981, 67) auch das «Kloster Himmelspforten» erwähnt.

schiedenen drei Zeiten der Wahl, *nämlich «...wenn Gott Unser Herr den Willen so bewegt und an sich zieht, daß eine Ihm ergebene Seele, ohne zu zweifeln oder auch nur zweifeln zu können, dem folgt, was gezeigt wird» (n. 175). Bei ihm wie bei Matthäus, dem Zöllner (zum Bild Caravaggios in der Kirche S. Luigi dei Francesi in Rom hatte er eine tiefe Beziehung!), oder bei dem ungeduldigen «Rabbiner Saul», beginnt alles bei der grundlegenden Erfahrung des Nichts.*[30] *Keineswegs ist diese Erfahrung «vor allem höheren Seelen vorbehalten», diese erste Art ist für die «Ignoranten» bestimmt, jedenfalls für solche, die durch eine gründliche Verdemütigung hindurch müssen, «um sich so nicht ihrer eigenen Leistungen rühmen zu können». Bei Balthasar erfolgt der Ruf in der Gestalt einer plötzlichen und gebieterischen Gnade. Dem, der – wie der* Ewige König, *den Ignatius in nn. 91ff. betrachten läßt – ihn bedingungslos in seinen Dienst fordert, ergibt er sich widerstandslos, läßt alles hinter sich und begibt sich in die Nachfolge, ohne zu wissen, wohin sie ihn führt. Im Gedenken an dieses Ereignis mehr als ein halbes Jahrhundert später, stellt der Verfasser die zentrale Rolle des Ignatius von Loyola bei seiner Berufung fest:*

> Alle meine ersten Interessen, Musik, Literatur, Psychologie blieben etwas Vorläufiges bis zur Begegnung mit dem hl. Ignatius von Loyola; nicht ich habe ihn gewählt, er hat mich wie ein Blitz in Brand gesetzt.[31]

Im Moment, da dieses strahlende Licht ihn berührt, hat Balthasar nicht die geringste Vorstellung von den Plänen des Himmels mit ihm. Was sich seinem Geist vor allem einprägt,

[30] «Aus dem Nichts kommt nichts: diese einfache Erfahrung Pauli hat schließlich seine ganze Lehre über Werke und Gnade, Gesetz und Evangelium begründet; und analog war die Erfahrung des Matthäus, die ihm erlaubte, das Alte und Neue Testament in meisterlicher, unerbittlicher Klarheit einander gegenüberzustellen.» In: E.Guerriero, 400.

[31] *Le Sorgenti della mia vita*, in: *La realtà e la gloria*, 49.

ist allein dies: «den Weg des hl. Ignatius»[32] *einzuschlagen. Von Anfang an hat ihn ein Bild tief berührt, das ihm recht bald als ein «Motiv seines Lebens» erschien: das gebrochene Bein des Verwundeten von Pamplona.*[33] *Ein geheimnisvoller Hinweis: Gott bricht unsere Existenz, um sie zu heilen und daraus das von ihm benötigte Werkzeug zu machen. Sich wie Ignatius dem gekreuzigten Herrn beigesellen lassen und sein Gefährte zu werden nach dem Willen des Vaters:*[34] *dies entdeckt Balthasar als seine persönliche Berufung. Ebensosehr wie Iñigo von Loyola am Tag nach seiner Bekehrung befindet er sich in völliger Unwissenheit darüber, was Gott aus ihm machen wird; in diesem Augenblick denkt er selber nicht an das Priestertum. «Ich begriff, daß ich zu gehorchen, zu dienen hatte, doch noch ohne zu wissen wem.»*[35] *Doch der Ruf verlangte von ihm einen konkreten Einsatz in der Kirche. Die natürlichste Antwort war der Eintritt in die Gesellschaft Jesu, der, nach Beendigung seiner Dissertation, am 18. November 1929 erfolgte. Er durchlief den Bildungszyklus eines Jesuiten, der mit dem Noviziat beginnt, wo er im Lauf nochmaliger dreißigtägiger Exerzitien, seinen Verzicht auf die Welt bestätigt fand. «Lieber Papa», schrieb er am Ende der Exerzitien, «so ist also der heilige Monat auch zu Ende – mit wirklichem Nutzen und großer Freude. Ich werde mich wohl dauernd hier niederlassen und kaum je in die Versuchung kommen, einen so schönen, freudenvollen Beruf mit einem weltlichen zu vertauschen.»*[36] *Balthasar wurde am 26. Juli 1936 zum Priester geweiht. Nach zwei Jahren Mitarbeit an den* Stimmen der Zeit *kehrte er nach Pullach zurück, um*

[32] *Unser Auftrag,* 31.
[33] Ignatius, Bericht, Nr. 1-5, 41ff.
[34] Vgl. Bericht, Nr. 96. Vgl. in diesem Zusammenhang auch meinen Aufsatz *Hans Urs von Balthasar discepolo e teologo di Ignazio di Loyola,* in: Communio, Rivista Internazionale di Teologia e Cultura 117 (1991) 91-99.
[35] *Von Balthasar e Testori: quale fede, quale vita.* A cura die Robi Ronza, in: *La realtà e la gloria,* 123.
[36] Undatierter Brief an seinen Vater, in: E. Guerriero, 43.

sein Terziat, die letzte Etappe der Ausbildung eines Jesuiten, eine Art schola affectus, *zu absolvieren, wobei als wichtigstes* Experimentum *nochmals dreißigtägige Exerzitien vorgesehen sind. Er machte sie im Herbst 1939 unter der Leitung von P. Albert Steger, der, nach Mgr. Henrici, «im deutschen Raum einer der ersten war, der die Exerzitien nicht so sehr aszetisch als mystisch verstand».*[37] *Es ist nicht auszuschließen, daß Balthasar, wie Henrici andeutet, von ihm beeinflußt wurde, doch läßt sich dies nicht mit Sicherheit sagen.*

Weit bestimmender waren seine Exerzitien im Sommer 1948, die ihn zum «schwersten Schritt meines Lebens»[38] *führten: die Gesellschaft Jesu zu verlassen. Es ist hier nicht der Ort, die schwierigen Umstände dieser Zeit zu schildern, die wesentlich durch seine Zusammenarbeit mit Adrienne von Speyr bedingt waren. Nach verschiedenen Unterredungen mit seinen Oberen, die zu keiner Lösung geführt hatten, bat er den P. General in seinem Brief vom 20. April 1948, ihn vom Gelübde, in die Gesellschaft einzutreten, zu entbinden, da sich diese nicht in der Lage glaubte, ihm zu erlauben, sich in ihrem Schoß der «persönlichen, besonderen und unübertragbaren Aufgabe» zu widmen, von der er überzeugt war, sie nach «vieljährigem Gebet und Überlegen von Gott und dem heiligen Vater Ignatius» erhalten zu haben.*[39] *Bevor P. General Janssens auf sein Gesuch eintrat, verlangte er von ihm, unter der Leitung von P. Donatien Mollat nochmals, auf diese endgültige Entscheidung hin, Wahlexerzitien zu machen.*

Sein Abschiedsbrief an seine Mitbrüder in der Gesellschaft vom Tag des hl. Joseph 1950, worin er die Gründe seines Weggangs darlegte, ist nunmehr weitgehend bekannt. Seine persönlichen Notizen anläßlich seiner letzten und ausschlaggebenden Exerzitien innerhalb der Gesellschaft sind es weni-

[37] P. Henrici, Gestalt und Werk, 27.
[38] *Interview: Geist und Feuer*, 73.
[39] *Abschiedsbrief*, in: E. Guerriero, 402.

ger.[40] *Sie enthalten wertvolle Hinweise über den Ablauf dieser Tage. Zu Beginn ruft sich Balthasar die erhaltenen Gnaden in Erinnerung, vor allem das, was in seinem Leben «entscheidend»*[41] *war: die Sendung Adrienne von Speyrs. «Unmöglich», schreibt er, «alles Frühere in Zweifel zu ziehen. Nur ‹methodischer Zweifel› ist möglich, ein Spiel».*[42] *Diese übernatürliche Überzeugung hinderte ihn nicht, der Anweisung seines Generaloberen folgend, in guter und gebührender Form die Wahl durchzuführen. Er vollzieht, gemäß der von Ignatius unterschiedenen* Zweiten *und* Dritten Zeit *(nn. 176-177), eine Wahl, die nach der Weise der vernunfthaften Überlegung vorgehen will, aber dem geistlichen Spüren den Vorrang läßt. In der Indifferenz, in die er jahrelang eingeübt worden war, fällt er schließlich die Entscheidung im Sinn der je größeren Verherrlichung Gottes (nn. 179, 184): «die Evidenz, das Gespür des Himmels». Nach der durch die Einwände P. Mollats und die eigenen natürlichen Überlegungen hervorgerufene «Perplexität» und Dunkelheit, erfüllt ihn diese endgültige Erwählung mit «großer Ruhe». Und als er seinem Exerzitienleiter das Ergebnis mitteilte, war dieser, der in der Zwischenzeit die gleiche Erfahrung von Trost und Trostlosigkeit gemacht hatte, zum selben Ergebnis gelangt und bestätigte die Richtigkeit des gewählten Weges.*

Später wird Balthasar diese dramatische Episode vor dem Heiligen Vater erwähnen und in die Mitte der vorsehungshaften Abfolge der zentralen Ereignisse seines Lebens stellen:

> Auf mein Primizbild, das den vom Arm Jesu umschlungenen Liebesjünger zeigt, hatte ich die Worte setzen lassen
> Benedixit, fregit, deditque.
> Die vorausgeahnte Brechung wurde tatsächlich vollzogen, als ich, um einem anderen ausdrücklichen Befehl des heili-

[40] In: A. von Speyr, *Erde und Himmel. Tagebuch* II, NB IX (Johannes Verlag, Einsiedeln 1975) 462-466.

[41] *Mein Werk,* 71.

[42] In: *Erde und Himmel,* 462.

> gen Ignatius zu gehorchen, – wiesehr wider meinen Willen – meine geistige Heimat, die Gesellschaft Jesu verlassen mußte, um eine Art Weiterführung seiner Idee in der Welt zu verwirklichen. Da wurde uns der heilige Johannes gezeigt als der vorbildliche Gefährte Jesu, der einzige Jünger, der ihm bis zum Ende gefolgt ist [...].[43]

Was 1950 als Unklugheit, ja als Anmaßung erscheinen mochte, erhielt damit eine gewichtige Bestätigung. Nach dem unerwarteten Tod Balthasars, wenige Tage vor seiner Kardinalserhebung, hat Kardinal Ratzinger in seiner Homilie bei der Beerdigungsfeier den «ignatianischen Geist, der sein Leben prägte», hervorgehoben:

> Die Bindung an den Gehorsam war das Ignatianische seines ganzen Lebens. Er ging nicht den Weg des eigenen Willens; er ging den Weg, den er geführt wurde gegen die eigenen Wünsche, bis gerade so sein Wille und sein Sein immer freier und immer reiner wurden [...]. So war er im tiefsten Sinne ein Mann der Kirche [...], ein rechter Lehrer des Glaubens, ein Wegweiser zu den Quellen lebendiger Wasser – ein Zeuge des Wortes, von dem her wir Christus erlernen, von dem her wir das Leben erlernen können.[44]

Redlichkeit und Heiligkeit des Lebens wurden in der Urkirche als wesentliches Kriterium für die Rechtgläubigkeit einer Lehre angesehen. Analog kann man sagen, daß die offizielle Anerkennung nicht allein die Richtigkeit der in der «Dunkelheit der nähern oder auch fernern Zukunft» getroffenen Wahl bestätigte,[45] sondern in etwa auch die aus seiner persönlichen Erfahrung der Exerzitien gewonnenen Einsichten.

IV. Die Exerzitien und ihr Deuter

Am Ursprung der Geistlichen Übungen steht zweifellos der unmittelbare Kontakt des Ignatius von Loyola – durch die

[43] Französische Ansprache bei der Verleihung des Internationalen Preises Paul VI. Vgl. in: Osservatore Romano 24.6.1984 und in: Istituto Paolo VI, *Hans Urs von Balthasar, Premio Internazionale Paolo VI* (Brescia 1984) 27-28.

[44] J. Ratzinger, *Ein Mann der Kirche in der Welt,* in: Gestalt und Werk, 351. 353.

[45] *Abschiedsbrief,* in: E. Guerriero, 407.

Vita Christi *des Ludolf von Sachsen – mit der Schrift und zugleich die Vertrautheit mit der lebendigen Tradition der Kirche, derjenigen der Heiligen und der Kirchenlehrer. Dennoch, wie die ersten Väter der Gesellschaft, die Ignatius gut kannten, betont haben, sind die Exerzitien vor allem durch die innere Erleuchtung des Heiligen Geistes entstanden.*[46] *Die Schriften und Zeugnisse des Ignatius von Loyola zeigen es deutlich: er schöpft seine Weisheit mehr als aus theologischen Werken unmittelbar aus der Offenbarung. Von ihren Schriften hatte er zu Beginn seines Weges noch kaum eine Ahnung und von der philosophischen und theologischen Ausbildung, die er nacheinander in Alcala, Salamanca und Paris durchlief, finden sich im Exerzitienbuch nur unerhebliche Spuren.*[47] *Er war im Grunde kein spekulativer Mensch. Bekannte er doch am Ende seines Lebens selbst seine Unfähigkeit, das, was er in Manresa begriffen hatte, rational voll auszudrücken? Dieses Gefühl der Unfähigkeit ist wohl auch*

[46] J. Polanco berichtet dazu, Ignatius habe sie durch die Unterweisung Gottes selbst erhalten (*Vita latina*, in MHSJ, Bd. 73, 532) ohne menschliches Mitwirken von Meistern und Lehrern, ja selbst ohne vorausgehende diskursive Kenntnis der Heiligen Schriften (ebd. 529). Nadal seinerseits spricht von «Inspiration» (*Scholia in Constitutiones*, MI II, I, angeführt in: MHSJ, Bd. 100, 61). Bei der endgültigen Abfassung des Büchleins zog der Heilige gewiß theologische Werke und die Heilige Schrift zu Rate, aber er tat es nur, wie er selbst bezeugt, um darin «die Bestätigung für das zu finden, was er allein durch die göttliche Inspiration erfahren hatte» (*Chronicon S.J. Vita Ignatii Loiolae et rerum S.J.*, in: MHSJ, Bd. 5, 529-530). Im Kapitel seiner *Vita S. Ignatii,* das sich mit der Entstehung der Exerzitien befaßt, stellt auch Ribadeneira fest, daß bei der mangelnden intellektuellen und lehrmäßigen Bildung des Verfassers, seine Lehre ihm evidentermaßen nicht von seinen Studien her zugekommen ist, sondern durch die Salbung des Heiligen Geistes (FN IV, in: MHSJ, Bd. 93, 135. Vgl. vom selben, Brief an *P. Girón,* FN III, in: MHSJ, Bd. 85, 600). Und nochmals Polanco, nach dem die Exerzitien «nicht sosehr durch Buchweisheit, denn dank der Unterweisung durch die Salbung des Heiligen Geistes, der inneren persönlichen Erfahrung sowie dem praktischen Umgang mit den Seelen» zu verdanken ist (angeführt in: MI II, I, vgl. MHSJ, Bd. 100, 62).

[47] Die *elfte Regel zur Erlangung der kirchlichen Gesinnung* (n. 363) enthält eine kurze Empfehlung der positiven wie scholastischen theologischen Methode. Seine Bemühung zielt vor allem darauf hin, in der Theologie die Bestätigung seiner eigenen Intuitionen zu finden.

der Grund, weshalb er beinahe das ganze Geistliche Tagebuch *verbrannt hat, das sich P. Luis Gonçalvez da Cámara von ihm erbeten hatte.*[48] *Die Heilige Schrift und die geistliche Tradition der Kirche, die er sich als Autodidakt angeeignet hatte, vermittelten seinem Verstand die für die ihm von Gott unmittelbar eingegossenen Einsichten angemessene symbolkräftige Sprache. Doch auf Grund seiner eigenen Grenzen wie gewiß auch des besonderen Charakters seiner Ausbildung, fand er in der Theologie nicht die Hilfe, die ihm erlaubt hätte, sein eigenes Charisma rational auszulegen. Zudem zeugt der mühselige und linkische Stil seiner Sätze, wie Balthasar anmerkt, für die Schwierigkeit des Heiligen, das, was er sagen will, und damit auch den ursprünglichen, unlöschlichen Charakter seiner geistigen Schau, begrifflich zu fassen.*

Seitdem die Geistlichen Übungen als Leitfaden im Apostolat verwendet werden, haben sie Anlaß zu einer ganzen Reihe von Directorien gegeben,[49] *die vor allem praktische Hinweise zur Anwendung der Methode enthalten, aber auch Anleitungen geistlicher und aszetischer Art. Unter den bedeutendsten Directorien findet sich das von P. Acquaviva, dem fünften General der Gesellschaft Jesu, dessen endgültige Ausgabe 1599 erschien. Er übernahm, sie adaptierend, die von Ignatius verfaßten*[50] *oder von ihm seinen engen Mitarbeitern*[51] *diktierten Anmerkungen, integriert sie aber in einen systematischen Rahmen, in den er gleichzeitig verschiedene spätere Directorien*[52] *einfügte, die damals bereits eine feste Tradition in der Gesellschaft darstellten. Mit Ausnahme von Suarez, der auf den Exerzitien eine Art Spiritualität der Gesellschaft*

[48] Vgl. Bericht, Nr. 100-101.
[49] *Directoria Exercitiorum Spiritualium* (1540-1599) = Dir.
[50] *Directorium Exercitiorum spiritualium «manu S.P.N. conscriptum»*, in: Dir. 67-79.
[51] J. Polanco (Dir. 81-87) und de Vitoria (Dir. 90-105).
[52] *Directorien* von Míro, Gil Gonzáles Dávila, Canisius, Hoffaeus usf.

aufbauen wollte,[53] *wird man das zweite Viertel dieses Jahrhunderts abwarten müssen, um ausgesprochen theologische Arbeiten zu den Exerzitien auftauchen zu sehen. Die bedeutendsten darunter stammen von Erich Przywara,*[54] *Gaston Fessard*[55] *und Karl Rahner.*[56]

Im Werk Balthasars findet man allerdings nichts, was den alten Directorien und ihren systematischen Abhandlungen vergleichbar wäre, und doch enthält es vielfache Hinweise auf Ignatius und im besonderen auf die Geistlichen Übungen. *Es gibt sie gewiß in* Christlicher Stand, *der sich als eine theologische Betrachtung über den* Ruf Christi *(nn. 91ff.) und über die Wahl des zu seiner Nachfolge gerufenen Jüngers (nn. 169ff.) vorstellt. Doch neben diesem umfangreichen Werk – über vierhundert Seiten mit verschiedenen kleingedruckten Exkursen – liegen zahlreiche andere Beiträge vor – Aufsätze, einzelne Kapitel in Büchern usf. –, in denen der Verfasser die ignatianischen Exerzitien erläutert. Erwähnen wir nur:* Exerzitien und Theologie, *einen 1948 veröffentlichten kurzen Aufsatz in der Zeitschrift* Orientie-

[53] Vgl. sein *De religione Societatis Jesu* (1625), in: Opera Omnia, vol. XVIbis (Ed. Vivès, Paris 1866), Bd. 4, insbesondere Kapitel V-VII des IX. Buches des X., den Exerzitien gewidmeten Traktats. Suarez deutet darin den Begriff der Indifferenz ausgehend von seinem allgemein metaphysischen Begriff des Seins, das er als neutral, univok auffaßt.

[54] *Deus semper major.* Dem Werk, das nacheinander die verschiedenen Abteilungen der Exerzitien kommentiert, waren zwei kleinere Arbeiten vorausgegangen: *Majestas Divina. Ignatianische Frömmigkeit* (Filser, Augsburg 1925; Neuausgabe durch Balthasar in: Erich Przywara, *Schriften*, 1. Bd. *Frühe religiöse Schriften* Johannes Verlag, Einsiedeln 1962, 473-518) und *Heroisch* (Schöningh, Paderborn 1936); 1956 zum vierhundertsten Todestag des Ignatius veröffentlichte Przywara noch *Ignatianisch. Vier Studien zum vierhundertsten Todestag des heiligen Ignatius von Loyola* (Knecht, Frankfurt/M.).

[55] G. Fessard, *La dialectique des Exercices spirituels de saint Ignace de Loyola* (vol. I-II Aubier, Paris 1956 und 1966, vol. III postum, Lethielleux, Paris 1984).

[56] K. Rahner, *Die Logik der existentiellen Erkenntnis bei Ignatius von Loyola* in: *Das Dynamische in der Kirche* (QD, Herder, Freiburg-Basel-Wien 1958, ^{2}1960, 74-148). Unter anderen Veröffentlichungen zum Thema siehe vor allem: *Betrachtungen zum ignatianischen Exerzitienbuch* (Kösel, München 1965).

rung.[57] *Ferner* Ignatius von Loyola und die Barockherrlichkeit der Repräsentation, *ein wichtiges Kapitel im Band III/1 der* Herrlichkeit *(1965), oder auch* Drei Formen der Gelassenheit. Zur Theologie der ignatianischen Exerzitien, *eine Studie, die in den letzten, 5. Band der Skizzen zur Theologie aufgenommen wurde, der gemäß den ersten Worten in* Prinzip und Fundament *den Titel* Homo creatus est *(1986) trägt.*

Balthasars Liebe zu Ignatius von Loyola ist nach seiner Begegnung mit Adrienne von Speyr noch engagierter geworden.[58] *Sie läßt ihn einsehen, daß Ignatius «eine ausgesprochene und überragende ‹Lehrsendung›»*[59] *besitzt und deshalb in der Tradition einen ganz eigenen Platz einnimmt. Er steht in der Reihe der großen Heiligkeitscharismen, die der Kirche im Laufe ihrer Geschichte verliehen worden sind, Charismen, die wie ein lebendiges Evangelium fähig sind, der Theologie wiederum den Weg zu den lebendigen Quellen zu weisen, aus denen sie schöpfen kann. Wie die größten Heiligen hat Ignatius es verstanden, in den Augen der Christen seiner Zeit die einzigartige Offenbarung wieder lebendig zu machen, sie in ein neues Licht zu rücken und darin bisher unbekannte Aspekte aufzuzeigen. Seine Sendung war eine besondere Ant-*

[57] Nr. 12 (Zürich 1948) 229-232. Für eine Zusammenstellung der Beiträge Balthasars zu diesem Thema vgl. Werner Löser, *Die ignatianischen Exerzitien im Werk Hans Urs von Balthasars*, in: Gestalt und Werk, 172. P. Löser ist der Verfasser einer wichtigen Dissertation: *Im Geiste des Origenes. Hans Urs von Balthasar als Interpret der Theologie der Kirchenväter* (J. Knecht, Frankfurt/M. 1976), die bereits das ignatianische Thema aufgreift (besonders S. 6-7 im Zusammenhang mit Balthasars Berufung: «Er selbst hat das Ursprungsereignis der Berufung theologisch – in Kategorien der ignatianischen Exerzitien – beschrieben»). Vgl. vom selben: *Das Sein – ausgelegt als Liebe,* in: IkZ *Communio* 4 (1975) 410-424, vor allem 414-416, 420, wie auch einen aufschlußreichen Bericht in: *Theologie und Philosophie* 62/2 (1987) 312-313.

[58] Auf die Rolle, die Adrienne in seinem Leben und Werk gespielt hat, besonders auch was seine Kenntnis und seine Deutung der Sendung des hl. Ignatius angeht, siehe die Aussagen Balthasars in: *Erster Blick* und *Unser Auftrag,* wie auch in: *Adriennes Charisma.*

[59] *Exerzitien und Theologie,* 230.

wort des Himmels auf eine bestimmte Not der Menschheit. Die Exerzitien, als ein Durchsichtigmachen der gesamten Offenbarung, als Wort des Lebens und Wort der Wahrheit, eröffnen sowohl einen praktischen Weg zur Erneuerung der Kirche wie einen noch unerforschten theologischen Horizont.

Wenn Balthasar das Buch, das er über Ignatius zu schreiben vorhatte, auch nicht verfaßt hat,[60] *so hat er uns in Wirklichkeit weit mehr gegeben. In seinem immensen Werk und in dem eng damit verbundenen ebenfalls riesigen Werk Adrienne von Speyrs*[61] *wird im Grunde ausschließlich, so darf man wohl sagen, der Lehrgehalt der Exerzitien betrachtet und vertieft, wozu Balthasar sagt, «daß die Ausschöpfung der theologischen Substanz dieser unerschöpflichen Mine erst ganz in den Anfängen steht».*[62] *Diese Arbeit hat er auf sehr originelle Art unternommen, nämlich von den prophetischen Intuitionen Adriennes her. Sein Zeugnis dazu ist eindeutig:*

> [...] die Begegnung mit Adrienne verlieh dem allem eine besondere Tiefe. Was bei Ignatius theologisch implizit blieb, wurde damals, in voller Treue an den Geist der ignatianischen Initiative, in den mir diktierten biblischen Kommentaren ausgedeutet, vor allem in denen zu Johannes. Die Theologie der Exerzitien gewann einen ungeheuren christologisch-trinitarischen Hintergrund, und selbstverständlich zugleich einen marianisch-kirchlichen.[63]

[60] Ich möchte eines Tages, so notiert er 1952, noch ein Buch über Ignatius schreiben, «den Heiligen, als dessen allergeringsten Sohn ich immer mich betrachten werde». In: *Über Amt und Liebe in der Kirche.* Ein offener Brief an Alois Schenker. In: Neue Zürcher Nachrichten, Nr. 164, Beilage Christliche Kultur Nr. 29, 17.7.1953.

[61] «Adrienne von Speyr war es, die den erfüllenden Weg von Ignatius zu Johannes wies, und damit den Grund zum meisten legte, was seit 1940 von mir veröffentlicht wurde. Ihr Werk und das meine sind weder psychologisch noch philologisch zu trennen, zwei Hälften eines Ganzen, das als Mitte eine einzige Gründung hat.» In: *Mein Werk*, 71.

[62] *Exerzitien und Theologie*, 232. Werner Löser bemerkt dazu: «Nicht nur hat Balthasar immer wieder Texte und Motive aus den ignatianischen Exerzitien aufgegriffen und aus großen theologischen Zusammenhängen heraus gedeutet, er hat auch seinen eigenen theologischen Entwurf aus dem Geiste der Exerzitien gestaltet. Daß dies so ist, bringt er hier und da zu Sprache. In der Regel bleibt es unausgesprochen.» Vgl. Gestalt und Werk, 172.

[63] *La realtà e la gloria*, 49.

Es wird hoffentlich die Zeit kommen, in der die Theologen sich endlich ernsthaft mit dieser «theologischen Sendung» befassen werden, die für das Verständnis Balthasars wesentlich ist.[64] *«Das meiste dessen, was ich schrieb, ist eine Übersetzung dessen, was auf eine unmittelbarere, weniger ‹technische› Weise in dem gewaltigen Werk Adriennes von Speyr niedergelegt wurde.»*[65] *Wenn es im Werk des Schweizer Theologen einen Punkt gibt, an dem diese erstaunliche Aussage sich verifiziert, so gewiß in seiner Reflexion der Exerzitien, die sich der marianisch-johanneischen Schau Adriennes verdankt.*[66]

Andere Einflüsse haben mitgewirkt, vor allem die des Meisters seiner Jugend, Erich Przywara, der ihm als erster den rationalen Einblick in die Exerzitien erschloß. Doch auf eine eingehendere Bestimmung dieser Einflüsse verzichtend, wollen wir zum Schluß dieser Einleitung versuchen, kurz die besondere Ausrichtung der Interpretation Balthasars aufzuzeigen.

V. Geistliche Übungen zur Wahl eines Lebensstandes

Die Schule der Geistlichen Übungen, die er selbst durchlaufen hat, führte Balthasar dazu, diese als eine Methode der Wahl eines Lebensstandes zu verstehen und zu deuten. Wenn die Einkehrtage, die er jährlich leitete, von dieser Perspektive auch stark geprägt waren, so doch nicht nur von sei-

[64] «Wirklich zur Kenntnis nehmen wird man wahrscheinlich meine Dinge erst, wenn man sich ernsthaft mit Adrienne von Speyr abgibt.» In: *Interview: Geist und Feuer*, 73.

[65] *Mein Werk*, 85.

[66] «Au centre toujours cette disponibilité totale, qui est la désignation mariale de ce que saint Ignace appelle dans son Principe et Fondement *l'indiferencia* et saint Jean l'obéissance du Fils au *mandatum Patris*» (nach der am Symposium gesprochenen französischen Fassung), in: *La mission ecclésiale d'Adrienne von Speyr. Actes du colloque romain* (Lethielleux, Paris/Culture et Vérité, Namur 1986) 188. – Vgl.: «Dieses Grundwort heißt in ‹Prinzip und Fundament› *Indifferenz* [...] Ist nun aber diese ignatianische Indifferenz nicht identisch mit dem Thema, das Adrienne als Leitmotiv für ihr erstes selbständiges Buch gewählt hat: die vollkommene Bereitschaft...?», in: *Adriennes Charisma*, 174f.

ner persönlichen Erfahrung her. In Erinnerung an die Gespräche, die er mit seinen Gefährten – Daniélou, Bouillard, Varillon, Ganne, Lyonnet, Mollat... – während des Theologiestudiums in Fourvière geführt hatte, in nächster leibhaftiger und geistlicher Nähe Henris de Lubac, berichtet er:

> ...wir waren fast alle durch die Exerzitien geprägt, die hohe Schule der Christusbetrachtung, des Horchens auf das reine und personale Wort im Evangelium, der Lebensentscheidung zum Versuch der Nachfolge, der für den Begründer der Geistlichen Übungen vor allem Entscheidung darüber ist, welche Gestalt ein Christ dem totalen Liebesverzicht des Herrn (evangelische Räte) im eigenen Leben verleihen darf.[67]

Eine solche Sicht war damals neu. Aufschlußreich ist in diesem Zusammenhang die Verweigerung des nihil obstat *des Provinzials, dem Balthasar um 1945 herum ein Manuskript vorgelegt hatte, das er dann ohne wesentliche Veränderungen unter dem Titel* Christlicher Stand *1977 veröffentlicht hat.*[68] *Wenn man dieses grundlegende Werk zur Kenntnis nimmt, kann man nicht anders, als sich über die damalige Zensur verwundern. Diese ist wohl darauf zurückzuführen, daß das Buch einen damals unwidersprochenen offiziellen Standpunkt in Frage stellte. Der damalige Brauch, die Exerzitien als Einkehrtage für das Volk anzubieten, die Praxis der Jesuiten, jährlich selber Exerzitien zu machen, hatten zweifellos etwas vergessen lassen, daß die Geistlichen Übungen kein Erbauungsbuch im üblichen Sinn sind, sondern sich als erstes Ziel setzen, wie es Ignatius von Anfang an deutlich macht: «die Seele vorzubereiten und in Bereitstellung zu setzen* (disponer)*, dazu hin,... den göttlichen Willen zu suchen und zu finden in der Einrichtung* (disposición) *des eigenen Lebens» (n. 1). Im Mittelpunkt der Methode steht die* Wahl, *das heißt das Erwählen des besonderen Dienstes, den der Mensch ausführen will und soll.*

[67] *Mein Werk*, 40.

[68] Vgl. *Unser Auftrag*, 83.

Der Standpunkt Balthasars in dieser Hinsicht weicht nicht wesentlich von dem seiner französischen Freunde, besonders Fessards, ab.[69] Die Betonungen allerdings der beiden Interpreten sind recht verschieden. Balthasar sieht in der Wahl nicht in erster Linie, wie sein Freund, einen (subjektiven) Akt der menschlichen Freiheit, sondern den (objektiven) Ruf Christi, der im Anruf an die Freiheit des Glaubenden, diesen vor die zu vollziehende Wahl stellt: vor die Wahl der Lebensform oder des Lebensstandes, der diesem Ruf entspricht. Seine Deutung ist begründet in den einleitenden Sätzen zur Erwägung der Stände zu Beginn der Zweiten Woche «Nachdem wir das Beispiel betrachtet haben, das Christus Unser Herr gegeben hat, beginnen wir nun, in Verbindung mit der Betrachtung Seines Lebens, forschend zu erspüren und bittend zu erfragen, in welchem Leben oder Stand Seine Göttliche Majestät Sich unser zu bedienen wünscht, damit wir in jedem Stand oder Leben, das Gott Unser Herr uns schenkt, um es zu erwählen, zur Vollkommenheit gelangen können» (n. 135). Diese Einleitung bildet den Ausgangspunkt aller Ausführungen Balthasars zum Stand der Räte. Versuchen wir kurz, seinen Gedankengang im Zusammenhang mit dem ignatianischen Text festzuhalten:

Indem der Exerzitand die Geheimnisse des Lebens Christi betrachtet (nn. 261ff.), auf das fleischgewordene Wort hört, das «... an die gesamte und vollständige Welt, an die Er als ganze und an den je Einzelnen im besonderen Seinen Ruf ergehen läßt» (n. 95), entdeckt er fortschreitend, zu welchem «Stand» oder «Leben» Gott ihn ruft. Was versteht Ignatius unter diesen Ausdrücken? In erster Linie die beiden Lebensweisen, für die uns Christus in seinen ersten Lebensjahren ein Beispiel gegeben hat:

[69] Vgl. *Mein Werk*, 38.

> [...] zum ersten Stand hin, der in der Befolgung der Gebote besteht, indem Er Seinen Eltern untertan war, und gleicherweise zum zweiten Stand hin, der in der Vollkommenheit des Evangeliums besteht.[70]

Der erste Stand wird in der Versio vulgata *(1548), nach einem vielleicht nicht der ersten Intuition des Heiligen entsprechenden Schema, als der «allgemeine Stand» bezeichnet, der zweite als Stand der evangelischen Räte: der «religiösen Gelübde des Gehorsams, der Armut und der Keuschheit» (n. 357; vgl. n. 14). Von diesen drei Dimensionen des geweihten Lebens unterstreicht die Vulgata vor allem den Gehorsam, im Autograph aber wird der zweite Stand eher durch die Armut gekennzeichnet, wie schon in n. 15, wo von einem «Versprechen» der Armut die Rede ist, und deutlicher noch in n. 98, wo die «geistliche» Armut, zu der alle gerufen sind (vgl. Mt 5,3) im Sinn auch der «effektiven» Armut aufgefaßt wird, nach dem besonderen Ruf an die, welche sich (por vacar...) «zum reinen Dienst des ewigen Vaters bereitstellen» (n. 135), «absichtlich zu Eunuchen gemacht haben um des Himmelsreiches willen» (Mt 19,12): «Geh hin und verkaufe, was du hast, und gib es den Armen» (Mt 19,21; vgl. 27; Lk 12,33).*

Die Weise, wie Ignatius die beiden Stände darstellt, differiert öfter: nach der Sitte seiner Zeit spricht er von «Orden» (n. 356) oder, wie oben erwähnt, von «evangelischer Vollkommenheit» (vgl. auch n. 357). Dem ersten Stand entspricht der Rahmen der Familie, während der Jünger, nach dem Vorbild des Meisters selbst (Lk 2,43; n. 273), die Seinen verläßt, um Christus nachzufolgen (Mt 4,16-22 und öfter); anderswo wertet er den ersten Stand gegenüber dem evangelischen, dem «besseren» Stand eher negativ (n. 154; vgl. n. 14; n. 356): als den Stand, der weniger «zu loben» ist (n. 356) als der andere; wer nämlich «Kaufmann» oder «Ehegatte» wird,

[70] EB n. 135.

wählt das, was nicht zur evangelischen Vollkommenheit führt, also nicht Gegenstand eines «Gelübdes» sein kann (n. 357).[71] *In der* Präambel *werden die beiden Stände klar unterschieden, und doch wird der Ausdruck «Stand» von Ignatius bei weitem nicht immer so formell verwendet. Er kann im engeren Sinn auch anders verstanden werden, etwa wenn er, ohne ausgesprochen auf die beiden Lebensformen einzugehen,* zur Besserung und Neuformung des eigenen Lebens und Standes *Anweisungen gibt (n. 189). In diesem Fall kann «Stand» sich auch auf das «Hauswesen» oder ein «Dienstverhältnis» in der geführten Lebensweise beziehen. Anderswo wird er im weiten Sinn als «Leben oder Stand innerhalb der Grenzen der Kirche» (n. 177; vgl. n. 170) verstanden.*

In seiner Erläuterung zu dieser Präambel, *unterstreicht Balthasar mit Nachdruck die vorliegende Alternative und deutet sie als Unterscheidung der beiden spezifischen Stände: des ehelichen Lebens (gekennzeichnet durch das Einander-Angehören der Ehegatten und den sich gegenseitig geleisteten Gehorsam) und des geweihten Lebens, eines Standes, der, obwohl klar vom ersten unterschieden, eine Lebensform in der Welt nicht ausschließt. Diese Darstellung verdankt er mit Sicherheit Adrienne von Speyr, für die es nur zwei Stände gibt, den Stand der Ehe und den der Räte.*[72] *Immerhin*

[71] Zweimal (nn. 171 und 172) erwähnen die Exerzitien neben der Ehe das Priestertum als eines unter anderen (nicht aufgeführten) Dingen, das auf eine «unwandelbare Erwählung» zurückgeht. Nichts gestattet uns, diese beiden «Dinge» mit den beiden in Frage stehenden «Ständen» zu identifizieren. Die uns heute geläufige Unterscheidung zwischen «Klerikern» und «Laien» deckt nicht diejenige zwischen «Religiosen» und «Nicht-Religiosen», die hingegen n. 135 zugrunde zu liegen scheint.

[72] «Ein Drittes gibt es nicht», sagt sie in: *Unser Auftrag,* 83-84: Balthasar veröffentlichte 1956 von ihr ein Werk mit dem Titel *Christlicher Stand,* den er später auch seinem Werk geben wird. Man kann darin die bewußte Absicht sehen, in einem zentralen Punkt (bei aller offensichtlichen Verschiedenheit) der beiden Werke die Einheit hervorzuheben (vgl. ebd. 11ff.). In *Christlicher Stand* versucht er, wie es auch Adrienne tut, das Priesteramt zwischen die beiden Stände zu stellen und die innere Konvergenz von Priestertum und Räteleben aufzuzeigen.

unterläßt er es nicht, zugleich auf den analogischen Charakter des Ausdrucks «Stand» in den Exerzitien hinzuweisen, wo das Wort sowohl den allgemeinen Stand des Christen in der Kirche, den innerkirchlichen, für den Menschen von Gott gewollten Stand meint (Ignatius erwähnt hier das Priestertum und die Ehe), wie schließlich auch seine konkrete Befindlichkeit innerhalb dieses besonderen Standes. Wo er auf die Hinweise zur Kenntnisnahme, worüber die Erwählung zu geschehen hat *(n.170) zu sprechen kommt, beleuchtet er die drei Abstufungen, nach denen seines Erachtens, dem analogischen Charakter des «Standes» entsprechend, der Ruf Christi ergeht. Zunächst erfolgt der Ruf zum Stand des Christen ganz allgemein, «im Bereich der Heiligen Mutter, der hierarchischen Kirche» (ebd.): Der Herr hat, wie aus dem Neuen Testament ersichtlich wird, eine Trennung zwischen Welt und Kirche vollzogen (vgl. Eph 1,4.5.9; 1 Thess 1,14; 1 Kor 1,9; Offb 17,14 usf.) und hat jene gewählt, die er mitten aus der Welt herausgerufen hat, um Christen aus ihnen zu machen. Doch diese erste Stufe des Rufes findet ihre Entfaltung in einer zweiten, wo der Ruf die Christen in einen besonderen Stand einführt gemäß einer «unwandelbaren Erwählung» (n. 171), und strikter noch in einer dritten Stufe, wo der Ruf sie zu einer ganz konkreten Lebensform einlädt, hic et nunc, innerhalb dieses Standes (n.172).*

> In dieser dreifachen Abstufung des Rufes zum Stand in der Kirche, zum innerkirchlichen Stand und schließlich zu einem konkreten Standort innerhalb dieses gewählten Standes zeigt sich so etwas wie eine Analogie des Rufes, der den Christen zuerst durch den Herausruf aus der Welt zum Christen macht, ihn dann in einem neuen einmaligen, zweiten und späteren Ruf in einen bestimmten Stand [Ehe oder Rätestand] versetzt, um ihm schließlich dauernd durch das konkrete Je-jetzt des Rufes ein christliches Leben in diesem Stand zu schenken.[73]

[73] *Christlicher Stand*, 318.

Hier wird klar, wie sehr Balthasar, im Gegensatz zur Auffassung, die eine Berufung in erster Linie als subjektive, durch eine individuelle Wahl bestimmte Wirklichkeit sieht, Ruf und Lebensstand eng zusammenbindet.

> Es könnte zunächst scheinen, als setzte [...] sich [die Lehre vom Ruf] der Standeslehre wie die subjektive der objektiven Seite entgegen. Aber das eben Gesagte zeigt, daß diese Abgrenzung nicht durchführbar ist, da der Ruf Gottes schon das jeweilige Stehen des Christen erschafft und die Substanz dieses Stehens ist.[74]

Was die zweite Stufe des Rufes angeht, so zeigt er damit, daß der Mensch sich nicht ad libitum für den objektiven Stand entscheidet, dem er angehören will, denn dieser Stand stammt nicht von ihm, sondern von Gott, der in seinem Ruf zum voraus auch die Lebensform vorgesehen hat, für die er ihn bestimmt. Um also eine dem ausdrücklichen Willen Gottes entsprechende Wahl zu treffen, wird diese wesentlich den Charakter eines Gehorsams tragen. Damit stoßen wir auf einen Schlüsselbegriff der Exerzitien, auf den Balthasar in seinen Schriften hinzuweisen nicht müde wird: die Indifferenz.

VI. Indifferenz als Liebe

Nach Ignatius hat die Wahl, welches auch immer der Stand oder das Leben ist, das Gott dem Menschen zur Erwählung vorstellt, immer das Ziel, zur «Vollkommenheit zu gelangen» (n. 135). Wenn es einerseits zwischen den Ständen eine notwendige Alternative gibt und in dieser Hinsicht, das geweihte Leben Ignatius unbestreitbar als das bessere erscheint, so nimmt er anderseits doch an, daß beide Stände zur Vollkommenheit führen können und sollen. Doch um welche Vollkommenheit handelt es sich? Für Balthasar besteht hier kein Zweifel: es geht um die Vollkommenheit der christlichen

[74] Ebd.

Liebe, die ein universales «Gebot» ist.[75] *Besteht darin nicht ganz klar die Lehre des Neuen Testaments? Die Liebe ist der Höhepunkt des Gesetzes und der Schlüssel dazu (Mt 12, 28-33par), sie ist die Zusammenfassung jeglicher sittlichen Anforderung (Gal 5,22; 6,2; Röm 13,8; Col 3,14), das einzige Gebot (Joh 13, 13-35; 15,12; 1 Joh 15,12; 2 Joh 5); die Liebe ist das eine und vielgestaltige Werk des ganzen lebendigen Glaubens (Gal 5,6; 6,22). Die Liebe ist die Bestimmung des Menschen, und dies nicht in einer abgemessenen, begrenzten, unseren vielleicht schwachen menschlichen Kräfte angepaßten Form. Sie nimmt nicht nur einen Teil unseres Lebens in Beschlag und läßt das übrige für andere Dinge; nicht nur einen Abschnitt unseres Lebens sollen wir ihr weihen, während wir uns zu anderen Zeiten uns selber widmen könnten. Das Gebot ist umfassend, und dies in ganz konkreter Form, die unsere Natur restlos einfordert und in Beschlag nimmt: «Aus ganzem Herzen, aus ganzer Seele und aus allen deinen Kräften». Betrachtet man die «Räte» in diesem Licht, dann muß man zugeben, daß sie alle Christen angehen: denn wer wäre nicht berufen, in der Liebe «vollkommen zu sein» (Mt 19,21).*[76]

Nimmt der Verfasser, indem er diese Worte der Präambel *so stark heraushebt, nicht den Standpunkt jener ein, die in der ignatianischen Methode vor allem eine Schule der Eini-*

[75] Damit bezeugt der Verfasser, daß er ganz im Geist von Vatikan II steht, das die allgemeine Berufung der Christen zur Heiligkeit wieder ins Licht gestellt hat. Vgl. *Lumen Gentium*, Nr. 42: «Alle Christgläubigen sind also zum Streben nach Heiligkeit und ihrem Stand entsprechender Vollkommenheit eingeladen und verpflichtet. Alle sollen deshalb ihre Willensantriebe richtig leiten, um nicht im Umgang mit Dingen der Welt und durch die Anhänglichkeit an die Reichtümer wider den Geist der evangelischen Armut im Streben nach vollkommener Liebe gehindert zu werden...», in: Karl Rahner - Herbert Vorgrimler, *Kleines Konzilskompendium* (Herderbücherei 270) 175.

[76] Die Perspektive ist hier eine andere als etwa die Augustins, wenn er sagt: «Gebot ist das, was, wenn es nicht befolgt wird, Sünde ist. Beim Rat verhält es sich anders: wenn du dem Rat nicht folgen willst, wirst du ein geringeres Gut empfangen, aber du begehst keine Sünde» (De S. Virg., 15, 15; PL 14, 1275B).

gung sehen? Dieser Standpunkt findet heutzutage unter den Kommentatoren des Exerzitienbuchs überzeugte Verfechter. G. Cusson etwa vertritt in seiner Untersuchung zur Genesis der Exerzitien im Leben des hl. Ignatius die Ansicht, daß es der historischen Tradition der Gesellschaft durchaus entspricht, die Exerzitien, wie er es selbst tut, im Sinn einer allgemeinen Schule christlicher Erfahrung zu interpretieren.[77] *Balthasar schließt diese Interpretation, der er eine gewisse Berechtigung zubilligt, nicht von vornherein aus.*[78] *Wie bereits gesagt, ist jedoch seine eigene Perspektive eine etwas andere, die eher auf den in den* Bemerkungen *vorgesehenen Fall der eigentlichen Erwählung hinzielt. Die vollen, über «dreißig Tage» (n. 4) sich erstreckenden Exerzitien sind hauptsächlich auf* die *(endgültige)* Wahl eines *besonderen* Lebensstandes *hin ausgerichtet: auf denjenigen, den Gott dem Menschen schenkt, den er in besonderer Weise ruft, damit er sich diesen Stand erwähle (nn. 135, 169ff.). Als solche finden sie normalerweise nur einmal im Leben statt. Für Christen, von de-*

[77] C. Cusson, *Pédagogie de l'expérience spirituelle personnelle. Bible et Exercices spirituels* (Coll. *Essais pour notre temps.* Desclée de Brouwer, Bruges-Paris 1968). Siehe vor allem 104-118, wo der Autor eine geschichtliche Tabelle von den verschiedenen Interpretationen hinsichtlich der Exerzitien aufstellt, die er in zwei entgegensetzte Gruppen aufteilt: die der «eleccionistas» und jene der «unionistas».

[78] Ignatius, so bemerkt Balthasar, «kennt in seinen mystischen Erfahrungen ein Berührtwerden von Gott, das er unmittelbar (das heißt durch kein weltliches Medium vermittelt) nennt und das deshalb von jeder möglichen Täuschung frei ist (nn. 330, 336), so daß man, wenn man solche Erfahrung als höchste Form der von Ignatius angeführten Gottberührungen (n. 20) betrachten wollte, daraus unschwer sogar ein Aufstiegsschema nach platonisierendem Muster ziehen könnte», in: *Das betrachtende Gebet,* 235; vgl. 120-123). Der Autor kritisiert die Interpretation von L. Peeters (*Vers l'union divine par les Exercices du saint Ignace*) und ist seinerseits der Ansicht, daß in den Augen des Heiligen «die im neueren Sinn mystische Erfahrung noch immer als das (besondere) Explizitwerden einer allgemeinen, sozusagen ‹normalen› Erfahrung des Christen [gilt], der ernsthaft seinen Glauben zu leben sucht» (H I, 286). Indem die ignatianische Methode vom Menschen ein «fortschreitendes Sich-Abscheiden» verlangt, erlaubt sie ihm, «sich bereitzustellen, an Gott zu ‹rühren› und seiner Gnade teilhaft zu werden», in: *Neue Klarstellungen,* 91.

nen «nicht viel Frucht zu erwarten steht», weil sie eine Wahl nicht in der geforderten Radikalität durchzuführen vermögen oder nur eine gewisse Beruhigung ihrer Seele suchen, ist es nicht angezeigt, über die Erste Woche *hinauszugehen und sie in den Stoff der Erwählung einzuführen (vgl. n. 18).*

Was für eine Frucht ist also von eigentlichen Wahlexerzitien zu erwarten? Nicht unmittelbar die Erwählung des Rätelebens, so sagt Balthasar, vielmehr eine bleibende Indifferenz dazu hin, in völlig selbstloser (das heißt von jedem eigenen Vorteil freier) Weise die Liebe Gottes in ihrem absoluten Umsonst in sich aufzunehmen.[79] *In seiner Deutung legt er den Akzent weniger auf die objektiven Unterschiede zwischen den Lebensständen (oder auf die Einigungserfahrungen) – es gebe «keine allgemeingültige Schematik christlichen Fortschritts zur Vollkommenheit»,*[80] *pflegte er zu wiederholen – als auf die persönliche Haltung der bedingungslosen Bereitschaft, den Willen Gottes, was immer er sei, auszuführen – und keiner kann im Namen irgendeiner allgemeinen Auffassung voraussagen, worin dieser bestehen wird.*

Der Ruf der Liebe ist nach ihm kein abstraktes Gesetz, keine universale Regel, die sich auf alle in gleicher Weise anwenden ließe. Er ist Anruf des lebendigen Gottes, der sich in einem bestimmten Moment der Geschichte persönlich an den einzelnen richtet. Die Vollkommenheit besteht für den Christen immer darin, in restloser Hingabe auf diesen Ruf zu ant-

[79] Selbst für jene, die angesichts des Gekreuzigten die drei weiteren Wochen durchleben, haben die Exerzitien nicht notwendigerweise den Charakter einer Standeswahl. Ignatius möchte nicht, daß zur Wahl des Ordens- oder geweihten Lebens gedrängt werde. Er ist sich bewußt, daß solche Berufungen nicht vom Menschen, sondern von Gott als «Schöpfer und Herr» ausgehen, der die Macht hat, «sich Seiner Ihm hingegebenen Seele» unmittelbar mitzuteilen (n. 15). Er erwartet auch eine «Besserung und Neuformung des Lebens» bei Personen, die in der Welt verbleiben (n. 189). Für solche, die bereits eine «unwandelbare Erwählung» vollzogen haben (vgl. nn. 171f.), sieht er die Möglichkeit vor, diese zu erneuern, um sich in ihrer Wahl zu bestärken.

[80] *Christlicher Stand*, 317.

worten, persönlich diese eine ihn betreffende Wahl Gottes zu erwählen. Für Balthasar ist die ignatianische Indifferenz das entscheidende Zeichen der Liebe, soweit sie Geist der reinen Selbstübergabe ist zur Verfügung des Geliebten, der zum Maß all unseres Tuns wird. Die Indifferenz ist es, die das Übergewicht der göttlichen Liebe über die Eigenliebe bewirkt. Wer im Herzen der Liebe lebt, wählt nach keinem anderen Kriterium als dem der Liebe. Seine Wahl liegt hinter ihm; seit er die Liebe erwählt hat, ist er in einer Hinwendung zu Gott und zum Nächsten für immer gewählt, was das völlige Gegenteil einer reflexiven Wahlfreiheit (auf Grund einer Art Bindungslosigkeit, einer falschen Indifferenz) ist. Wenn trotz ihrer grundsätzlichen Einheit, eine Alternative zwischen den beiden Lebensweisen «im Bereich der Heiligen Mutter, der hierarchischen Kirche» (n. 170) möglich, ja unerläßlich ist, so auf Grund einer Entscheidung, die nicht zunächst dem Menschen, sondern dem Herrn selbst zusteht, der frei ist, zur besonderen Nachfolge zu berufen, wen er will, entsprechend den objektiven Bedürfnissen seiner Kirche. Der Stand der Räte entspricht nicht zuerst einer persönlichen Wahl, die der Beurteilung des Christen und seinem Wunsch nach größerer Vollkommenheit an sich überlassen bliebe, sondern einer konkreten *einzelnen Wahl (n. 95) gemäß der freien Initiative des Herrn im Hinblick auf diese oder jene Person (n. 98).*

Auf diese Weise, meint Balthasar, lösen die ignatianischen Exerzitien die Frage nach der größeren Vollkommenheit des einen Standes gegenüber dem anderen grundsätzlich. Indem sie diese Frage von Anfang an in die Perspektive der göttlichen Liebe versetzen, stellt sie sich nicht mehr in Kategorien der Übergebühr: nämlich was die Gnade den Menschen über das hinaus, was er im Gewissen zu tun verpflichtetet ist, zu wählen einlädt, was er «darf», das heißt, was er «frei» ist zu wählen, nachdem er getan hat, was er tun «mußte», was «verpflichtend» war, wie Jesus dem reichen Jüngling lehrt

(Mt 19,16-30). Der wahrhaft indifferente Christ weiß, daß ihm keine Wahl bleibt, er hat nur einen Wunsch, alles, wirklich alles, auf die Vollkommenheit der christlichen Liebe hin zu ordnen. Er ist der göttlichen Liebe sosehr hingegeben, daß er, ohne dem göttlichen Willen in irgendeiner Hinsicht vorzugreifen, bereit ist, die Gelübde auch wirklich abzulegen, wenn dies das Mittel ist, dem Herrn auf seine immer vorausgegangene Liebe zu antworten. Unter diesem Aspekt hängt der Entschluß, sich in einem geweihten Leben einzusetzen, von der Tatsache ab, einen persönlichen Anruf in diesem Sinne erhalten zu haben. Die tatsächliche Bereitschaft, diesen Schritt, sofern von Gott gewollt, zu tun, ist das Zeichen für den Verzicht, über sich selbst zu verfügen, und damit das Zeichen der gelebten christlichen Liebe. Wenn einer, der diese Haltung lebt und sich in dieser Hinsicht ernstlich geprüft hat, keinerlei besonderen Ruf vernimmt, so ist es für ihn bestimmt vollkommener, im ersten Stand zu bleiben!

Praktisch ist es jedoch meist so, daß wer nicht zur besonderen Nachfolge berufen ist, nicht zu dieser absoluten Indifferenz gelangt, die im Gelübde der vollkommenen Liebe liegt. Übrigens wird Ignatius bei einem, der sein Leben der Logik der menschgewordenen Liebe anzugleichen sucht, diesen Geist restloser Verfügbarkeit als beste Vorbedingung für eine richtige Standeswahl, keineswegs schon voraussetzen. Die ganze Methode der Exerzitien zielt im Gegenteil darauf hin, den Menschen zu dieser Voraussetzung einer «geordneten» (nn. 172f.) Wahl hinzuführen, zu einer echten Erwählung, die «lauter und durchsichtig» (n. 172) zu sein hat. In Maria sieht Balthasar das vollendete Modell der Indifferenz, das heißt der Öffnung der Liebe zum Herrn. Soweit aber in uns die geschöpfliche Freiheit vom Ungehorsam Adams versehrt bleibt, hat die Indifferenz notwendig auch den negativen Sinn eines Freimachens von «ungeordneten Hinneigungen» (nn.1, 21 usf.). Um in der Gnade an der

Freiheit teilzuhaben und, mit ihr zusammenwirkend, auszuführen, was diese will, muß die menschliche Freiheit nicht nur von der Erbsünde befreit werden, sondern bedarf einer Reinigung von allen Hindernissen, die ihr aus ihrer von der Sünde verwundeten Natur erwachsen und sie hindern, in Reinheit diesen Willen zu erfüllen. So besteht die Indifferenz darin, sich von allem freizumachen, was die geschöpfliche Freiheit von ihrem übernatürlichen Ziel ablenkt. Sie ist Rückkehr dieser endlichen Freiheit in ihre ursprüngliche Verfaßtheit durch die Darbietung ihrer selbst an die unendliche Freiheit (n. 234).

Rom, 17. September 1993 *Jacques Servais SJ*

HINFÜHRUNG

Wesen und Zweck der Exerzitien

Gliederung in Wochen

Die ignatianischen Exerzitien sind Einübung eines Christen durch evangelische *Umkehr* hindurch (Erste Woche) in ein Leben der personalen Nachfolge Christi (Zweite bis Vierte Woche), und zwar wesenhaft innerhalb der katholischen Kirche, so daß als Ergebnis die Wahl eines Ortes (oder *Standes*) innerhalb dieser Kirche und die Einübung in das «Fühlen mit der Kirche» (Regeln nn. 352-370) zu erfolgen hat.

Klarstellungen, 85

Wahl als lebensentscheidendes Ereignis

Das Exerzitienbuch räumt auf mit Hunderten von frommen «Anweisungen zur Vollkommenheit», von denen das hohe und späte Mittelalter wimmelt, indem es rücksichtslos praktisch den Suchenden mitten ins Evangelium stößt und ihn dort mit Christus, mit dem zu ihm sprechenden dreieinigen Gott allein läßt. Stößt, sage ich, und damit einer dort wirklich ankommt, muß er zunächst von seinen Illusionen über sich selbst, seinen Einbildungen und Sünden entkleidet werden, damit er nudus nudum Christum folgen kann. Damit Gottes Wort, das Christus ist, ihn persönlich und hautnah zu treffen vermag. Nicht irgendwo, peripher, sondern im Zentrum seiner Existenz, so daß der Anruf zum lebensentscheidenden Ereignis wird. Dieses Ereignis der *Wahl* bildet den einzigen Mittelpunkt, Sinn und Zweck des Ganzen, mit vielen umsichtigen Weisungen («zum rechten Vollzug der Wahl», nn. 169ff.) umgeben, während alles übrige nur auf das Mitabschreiten des Weges Christi abzielt: Menschwerdung, Geburt, verborgenes und öffentliches Leben und Wirken, Passion, Auferstehung mit den kirchengründenden Erscheinungen.

Was sich ereignen soll, ist das, was sich damals am Jordanufer begab. «Als Jesus vorüberging» (und Ignatius betont nachdrücklich, daß Jesus nicht irgendwo stationiert ist, sondern immer vorübergeht [nn. 280 usw.]), «blickte Johannes auf ihn und sagte: Seht das Lamm Gottes. Die beiden Jünger hörten, was er sagte, und folgten Jesus. Jesus aber wandte sich um, und sehend, daß sie ihm folgten, fragte er sie: Was sucht ihr?» Und auf die Gegenfrage: «Rabbi, wo wohnst du?» antwortet er: «Kommt und seht» (Joh 1,36-39). Entscheidet euch zum Kommen (und das besagt: «Alles liegen lassen» Lk 5,11), dann werdet ihr sehen. «Und sie gingen mit und sahen… und blieben.» Was sich damals begab, ist nicht nur Vorbild, es ist genau das, was sich jetzt, hier und heute begibt. Wie das Kreuzesopfer in dieser heiligen Messe gegenwärtig ist, wie der österliche Nachlaß der Sünden sich in jeder richtigen Beichte vollzieht.

Du hast Worte, 61-62

Erwählung als göttlicher und menschlicher Akt

Die Sendung erfordert das Jawort des Menschen; einen nicht minder wichtigen Akt als der Akt Gottes, der den Gewählten ruft. Ein Jawort, das eine ebenso rückhaltlose Hingabe an den Ruf verlangt, wie der Ruf sich rückhaltlos und zwingend an den Berufenen wendet. Aber die beiden Worte: das Gottes und das des Menschen, sollen sich nicht wie zwei gleichberechtigte gegenüberstehen, vielmehr wird vom Menschen nur die Aufnahme von Ruf und Sendung verlangt, somit der schlichte Mitvollzug des ewigen Ja Gottes zu ihm. Die Antwort hat aufzugehen und unterzugehen im Wort der Berufung und mit ihm zusammen eine unauflösbare Einheit zu bilden. Der menschliche Akt der Berufswahl hat nichts anderes zu sein als die Anerkennung der über ihn verfügten Wahl Gottes. In diesem Sinn ist bei Ignatius von Erwählung *(elección)* die Rede (nn. 18, 163 usw.), wobei nicht einmal als nötig befunden wird, den einheitlichen Akt in einen göttlichen und menschlichen zu unterscheiden. Die Bemühung zielt einzig darauf, daß der Mensch das wählt, was Gott für ihn wählt, und daß er bereitgestellt ist, die göttliche Wahl erkennen und als erkannte ratifizieren zu können. Menschliche «Vollkommenheit» wird demnach nicht eigens thematisch, sondern erschöpft sich für Ignatius in den beiden Begriffen der Disposition (nn. 1, 20 usw.) und der Indifferenz (nn. 23, 179 usw.), die zusammen die ungestörte Bereitstellung der Seele ausdrücken, den göttlichen Willen zu umfangen, in welcher Gestalt er sich immer kundgeben kann.

Christlicher Stand, 324-325

Kein «Weg der Vollkommenheit»

Es geht Ignatius um keinen «Weg der Vollkommenheit», dessen Stufen man in Büchern nachlesen und befolgen kann. Schon deshalb nicht, weil niemand im voraus bestimmen kann, auf welchen Weg in Kirche und Welt der Ruf Jesu den Einzelnen stellen wird. Deshalb darf in Exerzitien kein *vollkommener(er)* Weg gezeigt werden. Einzig der Herr bestimmt, was für dich der von ihm gewählte und damit der beste Weg ist. Erfahren aber kannst du es einzig von ihm – falls du bereit bist, von dir aus jeden der von Gott wählbaren Wege zu beschreiten, du dort stehst, wo der Knabe Samuel stand: «Rede Herr, dein Diener hört» (1 Sam 3,10). Oder noch besser die Jungfrau, als «Magd des Herrn» (Lk 1,38) zu allem bereit, zum Schwersten und Schönsten. Sie war Ignatius auf seinem Krankenlager erschienen (Bericht, 10) und hatte ihm sichtlich ihr eigenes Ja ins Herz gelegt.

Du hast Worte, 62

Der nicht wiederholbare Charakter der Wahlexerzitien

Die Exerzitien im vollen Sinn kann man nur einmal, im Kairos der christlichen Lebenswahl machen; alle Wiederholungen können nur in der getroffenen Wahl, wenn sie richtig war, bestärken, alle Einzelbetrachtungen der «Exerzitienwahrheiten» nur erneut in die Aktualität jenes Kairos einüben.

Louis Lallemant, 11

Weisungen zum Vollzug

Die Zeit der Exerzitien

Wenn der Berufene auch die Stunde des entscheidenden Rufes in Indifferenz zu erwarten hat, so muß er sich doch auch sagen, daß er mit seiner Antwort stets langsamer und träger ist als Gott mit seinem Wort und seiner Frage. Es ist daher möglich, daß von Gott her die Stunde der Wahl schon freigegeben ist, während der Mensch noch auf sie wartet. Ferner paßt auch Gott sich den kirchlichen mitwirkenden und helfenden Kräften an, und so wird es erklärlich, warum Ignatius die Zeit der Exerzitien, deren Hauptsinn die Standeswahl ist, mit so viel Gewißheit als Zeit der Entscheidung betrachten darf. Er erwartet geradezu, daß der Mensch, wenn dessen Standeswahl irgendwie fällig geworden ist und er durch die Übungen in die volle

Indifferenz versetzt und dabei von der rechten kirchlichen Führung gelenkt wird, mit einer Art gnadenhafter Unfehlbarkeit die wählende Stimme Gottes zu erhorchen und ihr zu entsprechen imstande sein wird. Gewiß «zeigt die Erfahrung auch, daß solche, die im Konflikt der Exerzitien unterlegen sind, später, außerhalb der Exerzitien, oft mit größerer Leichtigkeit die Wahrheit erkannten, und zwar aus eben den Grundsätzen heraus, die sie in den Exerzitien selbst geschöpft hatten» (Dir. 725, Nr. 235). Aber diese spätere Glosse befaßt sich, im Sinn von Ignatius, mit dem Ausnahmefall. Er selbst ist überzeugt, daß Gott sich dem Anklopfenden nicht verweigert, weil er längst am Klopfen ist, bevor der Mensch hört und auftut (Offb 3,20).

Christlicher Stand, 401-402

Die Eignung für Wahlexerzitien

Wenn Ignatius von Loyola in seinen Exerzitien, die in ihrer letzten Absicht nichts anderes bezwecken als den Vollzug der Standeswahl (n. 135) und daraufhin die Klärung einer möglicherweise vorhandenen Berufung zum *Stand der Räte,* von vornherein alles auf der Haltung der Indifferenz (n. 23 usw.) fundiert, um dann immer tiefer in diese Haltung hineinzuführen (nn. 98, 155, 166), so doch nicht, ohne am Ende der Ersten Woche alle jene auszuscheiden, von denen er die von ihm erhoffte Form der Indifferenz nicht erwarten zu können meint: einer Indifferenz auch in den sich steigernden Forderungen der Liebe Christi bis zur Nachfolge ins Kreuz.

Wer den geistigen Umfang und die Fassungskraft vermissen lasse, mehr zu wollen und zu erwarten als «einen gewissen Grad der Beruhigung seiner Seele» (n. 18), der dürfte in die Dinge der «Wahl» nicht eingeführt werden. Ein solcher wird freilich schon aus dem «Prinzip und

Fundament» nicht das herausgehört haben, was für Ignatius zweifellos darin liegt, ja worauf es sogar ausdrücklich angelegt ist: die Gesetze des *Rates* und der *Übergebühr,* die für den Lieben-Wollenden ebensosehr zur *Pflicht* gehören werden wie die *Gebote.* Ignatius will durch seine Geistlichen Übungen keineswegs die Spannung gewaltsam aus dem Wege schaffen, die zwischen den beiden Wegen, dem der Gebote und dem der Räte, wie auch zwischen den beiden Welten der Pflicht unter Sünde und des freiwillig darüber hinaus zu Leistenden besteht. Auch wenn er vom ersten zum zweiten hin Brücken zu bauen und die Zugänge zu erleichtern sucht, auch wenn für ihn, der in der Liebe und ihren Gesetzen Lebenden, der Übergang das Selbstverständliche ist und er diese ihm evidente Notwendigkeit der alles hingebenden Großmut am liebsten jedem mitteilen und bei jedem voraussetzen möchte, so kennt er doch genau die Schranken: nicht jeder hat Zugang zu dieser inneren Welt und zu dieser Logik der Liebe (und es ist gut, die ungeeigneten beizeiten zu entfernen, um sie nicht zu schädigen, zu verwirren oder gar zu einer naheliegenden Verstockung zu bringen), und auch nicht jeder, der Zugang hat, wird tatsächlich berufen.

Christlicher Stand, 43-44

Sammlung der Seelenkräfte – christlich

Christliche Einübung kann nur eine solche der immer vollkommeneren Disponibilität zu Gott und zu seinem Gnadenwillen hin sein. [...] Gemeinsam [mit dem Weg der östlichen Meditation] ist sicher der Einsatz bei der Einübung in die wesentliche Freiheit für das Absolute: Reinigung von äußeren und inneren Anhänglichkeiten, Zerschneiden der Leidenschaftsbande, die uns an äußere Dinge fesseln, Distanzgewinnung zu den weltlichen Faszinosa, Beherrschung der Zunge, aber auch der Phantasie, der schweifenden Gedanken, Aufgeben der Zentriertheit um die eigenen Interessen, Sammlung der Seelenkräfte im innern Herzen (*«redire ad cor»:* Augustinus [De vera rel., XXXIX, 73]), wo die Stille herrscht, die erst ein wahrhaftiges, geistiges Sehen und Hören gestattet. Auch das Exerzitienbuch verlangt ein solches fortschreitendes Sich-Abscheiden, um sich bereitzustellen, an Gott zu «rühren» und seiner Gnade teilhaft zu werden (n. 20).

Während der östlich Meditierende sich von vornherein bemüht, durch Abstraktion von allen gegenständlichen Gedanken, Vorstellungen usf. zur Einfachheit der innern Verfassung zu gelangen, muß der christliche Betrachtende das Gnadenwort Gottes, für das er sich bereit macht, nie *nur* als ein inneres, sondern immer *auch* als ein geschichtlich begegnendes, menschgewordenes auffassen. Damit scheint er dem ersten gegenüber in einem Nachteil zu sein; aber nur, wenn man christliche Betrachtung nicht als das versteht, was sie von Gott aus gesehen ist: Einübung durch das äußere Leben, Beispiel und sakramentale Wirken Christi hindurch in die innere Erkenntnis und Glaubenserfahrung dessen, was Gott ist: für uns und in sich. Die scheinbar reine Gegenständlichkeit einer Leben-Jesu-Betrachtung muß, wenn sie christlich sinnvoll sein soll, von vornherein über diese Objektstellung hinausführen, da sie deutlich machen will, wie das Absolute, wie Gott *ist,* für dessen Ankunft in unserem ganzen (also vernehmlich in unserem wahrsten) Sein wir uns vorbereiten. Auch nach dem Exerzitienbuch sollen wir durch das Bewegende einer äußern Szene hindurch innewerden «des unendlichen Duftes und der unendlichen Süßigkeit der Gottheit» (n. 124), die sich darin kundtut. (Man weiß, daß auch für den Buddhisten das Nirwana «durchduftet» ist.) Für den Christen ist die Abstraktion vom zerstreuenden Draußen, die Sammlung nach innen nur ein Mittel zur Odnung des *ganzen* Menschen, nie ein Ziel; denn wie der Gott der Bibel als Menschwerdender im *ganzen* Menschen ankommen will, nicht nur in seinem innersten Selbst, so muß sich auch des Menschen vorbereitende, reinigende Sammlung auf seine ganze, leibliche und alltägliche Existenz auswirken.

Neue Klarstellungen, 91-92

Der Exerzitiengeber

Ein erfahrener Leiter

Dem Neuen Testament entsprechend, kann [...] nur die Kirche selbst in die Nachfolge Christi und in ihre eigene Gesinnung einführen, so wie auch die Bibel ein Buch der Kirche ist (in ihr verfaßt, von ihr in der Kanonbildung zusammengestellt, von ihr allein authentisch verstanden und ausgelegt). Deshalb wird als Führer auf diesem Weg ins Innere der Gesinnung Christi und der Kirche ein von der Kirche Beauftragter, sie Repräsentierender bestellt, der die Exerzitien zu «geben» hat: nicht nur und vor allem hat er die «Betrachtungspunkte» vorzulegen (n. 2), sondern er muß Erfahrung und Vollmacht der «Unterscheidung der Geister» besitzen (nn. 6-10; 313-336), die sich auf diesem Weg in das Herz der göttlichen Offenbarung unfehlbar regen werden, und zwar als entgegengesetzte Geister: als Geist Christi und als Geist des Antichrist (nn. 136-148), des «demütigen Dienstes», der «weltlichen Ehre» und des «ausgewachsenen Hochmuts» dort, zwischen denen hindurchzufinden dem Einlaß-Suchenden ohne die Hilfe der Kirche nicht gelingen wird. Die einführende Autorität des Exerzitiengebers soll aber – da sie eine erzieherische ist – von vornherein daraufhin tendieren, sich durchsichtig, überflüssig zu machen, in die Unmittelbarkeit zwischen Gott und der Seele zu vermitteln, soll «in der Mitte bleiben wie eine Waage und unmittelbar den Schöpfer mit seinem Geschöpf wirken lassen und das Geschöpf mit seinem Schöpfer» (n. 15).

Klarstellungen, 85-86

Autorität als Vermittlung

Unmittelbarkeit zwischen Gott und der Seele ist christlich nie eine Sache, die von Christus und der Kirche (für Ignatius sehr nahe bei Maria) absehen könnte: gerade die Kirche (Maria) vermittelt bleibend zu Christus hin, und Christus vermittelt bleibend zum Vater (n. 63 usw.). Theologisch werden also von den Exerzitien her drei Stufen sichtbar:

1. Der sich Einübende lernt, geführt von der Autorität des die kirchliche Autorität konkretisierenden Exerzitiengebers, «an den Knien der Mutter Kirche» (Claudel), was es in Wirklichkeit heißt, Christ zu sein. Er muß zunächst einmal der Kirche «glauben», daß die Dinge sich so verhalten, analog dazu, wie jedes Kind seiner Mutter, jeder Schüler seinem Lehrer «glaubt», ehe es selbst einsehen lernt.

2. Aber dieser Gehorsam an die Kirche hebt sich im christlichen Bereich nicht in ein mehr oder weniger autonomes Wissen auf, sondern in den Glauben der Kirche selbst: im Erlernen der «kirchlichen Gesinnung» (nn. 352-370) identifiziert sich der Glaubende immer tiefer mit dem die Kirche als solche konstituierenden Glaubensakt an die Offenbarung Gottes in Christo, der für sie die nie eingeholte Autorität ist, und zwar nicht einseitig als der erhöhte, gesetzgebende, richtende Christus, sondern als *die* Erscheinung Gottes, die nur in der Erniedrigung erhöht, nur in der Liebe gesetzgebend und nur im Vergeben richtend ist.

3. Deshalb ist für die Kirche Nachfolge Christi möglich (denn sonst käme nur «Unterwerfung unter Christus» zustande): weil Christus selbst als Mensch immer der Erniedrigte und Erhöhte zugleich ist, der beides in der einen Gehorsamsliebe dem Vater gegenüber sein kann, denn «der Vater ist größer als ich» (Joh 14,28). Gott der Vater hat in Jesus Christus so endgültig an der Welt gehandelt, daß er in ihm gleichzeitig sein innerstes Herz bloßgelegt hat: seine trinitarische Liebe, und in ihm einen (diese Liebe im Ereignis des Tragens der Sünde der Welt offenbarenden) Autoritätsgehorsam geschenkt hat, der allen eigenen Willen und alle eigene Einsicht aufgebend und übersteigend sich im Tod restlos in die Hände des («verlassenden», verschwundenen, «gestorbenen») Gottes hinein aufgibt. In dieses Herzgeheimnis führt der Exerzitiengeber (in der Dritten Woche, die entscheidend bleibt, vgl. nn. 196, 197, 147, 167) ein, zusammen mit der Kirche selbst, die keinen höheren Gegenstand der Anbetung kennt als diese Selbstdarstellung der ewigen Liebe (vgl. das einführende Gebet: Anima Christi).

Klarstellungen, 86-87

Die Rolle des geistlichen Führers bei der Wahl

Die Regung der «verschiedenen Geister», die Ignatius in jedem, der die Übungen mit dem rechten Einsatz macht, als notwendig erfolgend voraussetzt (nn. 6-10), ist die untrügliche Vorbereitung der Wahl von Gott her, gleichsam die innere Einübung der Seele auf den Ereignischarakter des Wahlaktes.

Wie der geistliche Führer sich dabei zu verhalten hat, wird mit großer Umsicht festgelegt: wenn dieser in der vorausgehenden Zeit mit dem allmählich sich klärenden Willen Gottes der erfolgensollenden Wahl entgegendrängen darf, so darf er während der Wahl selbst keine mitentscheidende Rolle mehr spielen, sondern muß in voller Objektivität «in der Mitte stehend gleich einer Waage, unmittelbar den Schöpfer mit seinem Geschöpf wirken lassen und das Geschöpf mit seinem Schöpfer und Herrn» (n. 15), sogar ausdrücklich «zuvorkommend warnen, irgendein unbedachtes und verfrühtes Versprechen oder Gelübde abzulegen» (n. 14) [...].

Anderseits ist die Unmittelbarkeit des einzelnen Glaubenden zum Willen Gottes nichts, was den kirchlichen Raum übersteigt oder gar verläßt. Das empfohlene Beiseitetreten der amtlichen Führung meint nicht das Fahrenlassen der bisher gelenkten Seele in Richtung auf eine rein individualistische Gottbegegnung. Aus dem Gesagten, wonach jede kirchliche Wahl zu einer kirchlichen Sendung führt, wird schon das Gegenteil ersichtlich. Wenn hier die «petrinische» Kirche ihren Dienst geleistet hat und zurücktritt, so nur, um dem tieferen Urgrund der Kirche, dem Marianischen, das sie ganz umgreift, Raum zu geben. Denn nirgends wird ein Glaubender diesem kirchlichen Urakt: dem Jawort Marias, das die Menschwerdung von «Haupt» und «Leib» ermöglicht, näher angestaltet als in der Antwort auf eine das Leben im ganzen einfordernde Berufung.

Christlicher Stand, 402

PRINZIP UND FUNDAMENT

«Homo creatus est»

Das Neue an der ignatianischen Sichtweise

Nochmals die alte Leier, mit der die ignatianischen Exerzitien beginnen! Was soll darüber Neues gesagt werden? «Der Mensch ist geschaffen, dazuhin, Gott zu loben, ihn zu verehren und ihm zu dienen und so seine Seele zu retten» (n. 23).

Sehen wir einmal davon ab, daß dies heute beinahe niemand mehr weiß oder es gar wahrhaben will, daß also der Satz, der sich als *Grundsatz und Grundlage* aller menschlichen und christlichen Wahrheit vorstellt, als das ABC wenigstens für solche, die sich nach einem Einstieg ins Christentum umsehen und deshalb vielen ABC-Schützen unserer Zeit als etwas unvermutet Neues erscheinen wird – sehen wir von der heutigen Lage ab und erheben wir uns zu einem Überblick über die abendländische Geschichte christlicher Theologie und Spiritualität, so stellen wir mit Verwunderung fest, daß der uns banal erscheinende Einstieg in die Geistlichen Übungen nichts weniger als traditionell ist, wenigstens wenn man auf die große Tradition europäischen Denkens blickt.

[...] Der ganze patristisch-scholastische Entwurf setzt, wie dies im antiken Denken nicht anders sein konnte, beim Menschen an und fragt nach seinem Wesen, das aus seinem Bedürfnis und Streben ablesbar wird. Wie in der Antike die Götter, so ist christlich Gott, der dreieinige, vorausgesetzt. Der Mensch ist wesenhaft, um zu sich selbst zu gelangen, Gottes bedürftig, er gleicht dem Adam Michelangelos und seinem kraftlos ausgestreckten Finger. Er ist ein Dynamismus, der ins Unendliche weist, aber dieses ohne das Entgegenkommen des Zieles nicht erreichen kann. [...]

Wenn nun aber nach Thomas Gott der Unentbehrliche ist, ohne den der nach Glückseligkeit hungernde Mensch sein Ziel nicht erreichen kann, besteht da nicht die Gefahr, daß er unversehens aus dem Ziel zum Mittel wird? [...] Es ist noch kein Jahrhundert her, daß in einem Katechismus auf die Frage «Wozu ist der Mensch auf Erden?», den Kindern die Antwort abverlangt wurde: «Der Mensch ist auf Erden, um in den Himmel zu kommen und selig zu werden.» Dabei kann Gott gewiß das Ziel des Menschen sein, vielleicht leidenschaftlich asketisch, mystisch und durch gewissenhaftes Gebotehalten erstrebt, aber eben «mein» Ziel, das mir meine letzte Ganzheit verheißt. Als sei der Satz des Protagoras trotz seiner Widerlegung durch Platon gültig: Der Mensch ist das Maß aller Dinge.

Woher mag Ignatius seine ganz anders lautende Bestimmung des Menschen gewonnen haben? Sicher nicht aus der Philosophie (als ob sein «Prinzip und Fundament» überhaupt eine Art philosophisches Vorspiel zu den theologischen vier Wochen der Exerzitien bildete!). [...] Nach der Philosophie stammt der Mensch aus der göttlichen Welt und sein ganzes Trachten geht dahin, in sie zurückzufinden. Das beweist, nebenbei gesagt, auch die gewaltige Inflation, die in Patristik und Scholastik der Gedanke vom Bildsein Gottes gewinnt, das in der Bibel nur im Schöpfungsbericht anklingt und nachher in ihr keine Rolle mehr spielt [...], und hier ursprünglich nicht auf das Geistsein des Menschen abzielt, sondern (wie

Sir 17,5 erinnert) auf die ihm verliehene Herrschaft über die Tiere und Vögel, während in der Theologie das angeschaffene «Bild», das vom Menschen steigend zur «Ähnlichkeit» mit Gott entwickelt werden soll, sich eindeutig vom griechischen «homoiōsis»-Gedanken herleitet. Das Aratuszitat Pauli in Athen (Apg 17,28) bezeugt es noch einmal. Biblisch wird die Vorstellung vom Bildsein des Menschen erst dort wieder erheblich werden, wo Christus als das Urbild unter uns auftaucht und «den alten Menschen» (Röm 6,6) «zu einem neuen Menschen» (Eph 2,15) «nach seinem Bilde» (Röm 8,29) umschafft, «der uns zur wahren Einsicht hinführt, den Menschen erneuernd nach dem Bild seines Schöpfers» (Kol 3,10).

Aber davon ist im «Fundament» nicht die Rede. Woher also diese (im «para», «zu-hin» ausgedrückte) Sinnbestimmung des Menschen? – Man findet sie in überwältigender Klarheit in den Psalmen, die dieses Selbstverständnis des im Bunde mit Gott stehenden Menschen des Alten Bundes ausdrücken.

Homo creatus est, 11-17

Lob Gottes

Lob Gottes steht an erster Stelle. Es ist herrlich, daß es Gott gibt. Darin liegt die vollkommene Freude; Israel hält Freudenfeste mit Pauken und Zimbeln und fordert alle Schöpfung, Berge und Inseln auf, in die Hände zu klatschen. «Kommt, laßt uns frohlocken vor dem Herrn, denn ein großer Gott ist er, ein König über alle Götter erhaben.» Und man kann sich nicht genugtun, seine Eigenschaften rühmend aufzuzählen: seine «unergründliche Größe», seinen «hehren Glanz», seine Macht, seine Güte, seine Gerechtigkeit, seine Treue und Heiligkeit (Ps 145) und all die Wunder seiner Heilsgeschichte. Daß er den Menschen in seinen Bund aufgenommen hat, ist das nie genug zu bestaunende Ereignis; in ihm hat er Israel sein Wort und seine Weisung kundgetan, worauf es nur eine mögliche Antwort gibt: das erzählende Loben und Rühmen. Man hat dargetan, daß darin auch das im Hebräischen fehlende Wort «Dank» liegt, und daß dieses Gotteslob auch in den Klagepsalmen (die immer mehr zu Bittpsalmen werden) mitaufklingt. Das Lob Israels ist alles andere als die Erledigung der einem Herrscher geschuldeten Zeremonie: in ihm spricht sich das innerste Herz des Volkes, des Einzelnen und des ihnen Ausdruck gebenden Sängers aus.

Homo creatus est, 17

«Um so seine Seele zu retten»

Gewiß werden in dieser Sinnbestimmung Israels auch alle Paradoxe seiner Existenz kund. Aber ehe von ihnen die Rede ist, hat die schlichte Tatsache Geltung: in seinem Loben, Verehren und Dienen findet Israel sein Heil, und es weiß dies. Erst nachher können die Fragen auftauchen: liegt alles Heil des Menschen schon in diesem Dienst und in der Freude an Gott, gibt es nicht auch, und von Abraham her, Verheißungen irdischen Segens, die mit zum Lohn für diesen Dienst gehören? Das Land und seine Fülle, den Sieg über die Feinde, den Frieden? Auch das weiß Israel, aber stößt damit an ein weiteres Paradox, das wohl in der ganzen Religionsgeschichte einzigartig ist: der Bund Gottes mit all seinen verheißenen Gütern wird mit den Lebenden geschlossen, es gibt keine Aussicht auf ein Sein bei Gott nach dem Tod; Hiskja, der Kranke, erbittet von Gott noch ein paar Jahre Leben, um ihn loben zu können, denn in der Unterwelt gibt es Lob, Ehrfucht und Dienst nicht mehr. Und die Paradoxe setzen sich im Ethischen fort: wenn der Lohn des Gottesfüchtigen im irdischen Segen liegt, weshalb dann das Gedeihen der

Bösen? Die Ausflucht, ihr irdisches Ende werde schlimm sein, trägt nicht hinreichend; deshalb die Anklagen Ijobs, die Skepsis Kohelets. Um die helle, unbezweifelbare Mitte legt sich einstweilen ein Saum dunkler Fragen. Aber nicht deren Aufklingen ist erstaunlich, sondern daß es überhaupt diese helle Mitte hat geben können. Daß Gott den Menschen in Lob, Ehrfurcht und Dienst hat einüben können und ihn lehren, darin sein Heil zu erblicken, ist unerhört und ist zugleich die Voraussetzung für das Auflichten der dunklen Ränder in der Erscheinung Jesu Christi.

Homo creatus est, 18-19

Lob Gottes, Ausdruck vollkommener Ehrfurcht

Daß das Lob des Psalmisten gleichzeitig Ausdruck vollkommener Ehrfurcht ist, bedarf keines Beweises. «Selig der Mann, der den Herrn fürchtet», «kommt, fallt nieder und betet Ihn an, werft euch vor Ihm zu Boden», «erbebt vor Ihm, alle Lande». Und noch im himmlischen Jerusalem erklingen nicht nur dieselben Loblieder, sondern – und das gehört zur ewigen Seligkeit – man wirft sich «immer wieder» nieder vor Dem, der auf den Thron sitzt, und wirft seine eigenen Kränze und Verdienste vor Ihm hin, vor Ihm der «allein würdig ist, Preis und Ehre und Macht zu empfangen, denn Du hast das All erschaffen» (Offb 4,10). Die Distanz zwischen dem Schöpfer und dem Geschöpf ist unüberbrückbar: Der Himmel ist sein Sitz, die Erde dagegen wies er den Menschenkindern zu, obschon auch sie Gott gehört (Ps 89,12).

Homo creatus est, 17-18

Ehrfürchtiges Lob und Dienst als Heil des Menschen

Daß Lob und Ehrfucht den Menschen in den Dienst Gottes stellen und hierin seine Auszeichnung liegt, ist kaum noch erwähnenswert, so selbstverständlich ist es: «Dienet dem Herrn in Furcht», «dient dem Herrn in Freude», «alle Völker sollen ihm dienen» und «werden» es auch tun. Wenn Gott schon in seinem geheimnisvollen Namen «da sein» will für sein Volk, um wieviel mehr wird dieses Volk für Gott allein dasein. Es weiß und erfährt immerzu, daß in diesem ehrfürchtigen Lob und Dienst sein Heil liegt. Gott hat ihm zwei Wege zur Entscheidung vorgelegt: den Dienst, der das Heil sein wird, und die Abkehr vom Dienst, der Strafe und Tod mit sich bringt. Dienst im Tempel, Dienst aber auch im Halten der Gebote und in der Freude daran (Ps 119).

Homo creatus est, 18

Das Heil in der ignatianischen Definition des Menschen

Das alttestamentliche Wunder steigert sich in Jesus Christus zu einem Mysterium, das zugleich das im Alten Bund Erreichte festschreibt und die dort verbleibenden dunklen Felder beleuchtet. Erst mit ihm erhält die ignatianische Definition des Menschen ihre letzte Verständlichkeit.

Jesus vollendet in seinem irdischen Leben und Sterben, was der alttestamentliche Gerechte darzuleben versucht hatte: Nicht seinen Willen zu tun, ist er gekommen, sondern den des Vaters, nicht seine Lehre verkündet er, sondern diejenige Dessen, der ihn gesandt hat. Alle Titel, die einzig Gott zustehen, wie Vater, Lehrer, werden den Menschen zu tragen untersagt. Im Gegensatz zur Herrschsucht irdischer Könige schärft er den Seinen mit Wort und Beispiel ein, daß «Größer-werden-Wollen» nur durch Erniedrigung in die reine Diensthaltung bis hinab zum «letzten Platz» erreicht wird. Das den Jüngern beigebrachte Gebet bittet als erstes um die Verherrlichung des Vaters, die Ehrfurcht vor seinem Namen und um einen Dienst, der auf Erden so vollkommen erfolgen soll wie im Himmel. Und dies bis hinein in jene dunkle Randsphäre, die früher aus der hellen Bundesmitte hinausführte: bis in den Tod, ja den schmerzlichsten Tod: gerade hier soll nun Lob, ehrfürchtiger Abstand («Warum hast Du mich verlassen?» Mt 27,46 par) und letzter Dienst (das Aufgetragene ist «zu Ende gebracht» Joh 19,30) seinen Höhepunkt finden. Damit ist auch die finstere Scheol, in die das Bundeslicht nicht hindrang, mit in die Sphäre menschlicher Bestimmung einbezogen. Gerade «der Tod, vom Hades gefolgt» (Offb 6,8) gehört jetzt mit in die verfügte Bestimmung des Menschen. Die menschlichen Grenzen (Schmach, kurzes Leben, Schmerz, Sterben und Totsein) gelten, vom Himmel her betrachtet, nicht mehr: Lob, Ehrfurcht und Dienst vollziehen sich grenzenlos über alle irdischen Schranken hinaus. Und dies offenbar, weil jetzt «Dein Wille» sich auf Erden vollzieht «wie im Himmel», ohne in seiner Unendlichkeit durch die irdischen Grenzen behindert zu werden. So scheint nun auch die Trennungslinie zwischen Gottes Wohnsitz «im Himmel» und dem zugewiesenen Land der Menschen «auf Erden» aufgehoben zu sein.

Homo creatus est, 19-20

Lob und Ehrfurcht im Zwischenmenschlichen

Die griechischen Aufstiegsschemata, die wesentlich vom «Vorgriff» auf das Absolute her auf Relativierung des Endlichen und Vergänglichen drängten (bis zu den Radikalismen von Stoa und Buddhismus) waren letztlich alle einsam. Ekstasen gibt es dort nicht zu zweit, geschweige denn in Massen – solche können nur illusorische Selbststeigerungen sein – sondern einzig im plotinischen «monos pros monou». Wie aber, wenn nun Lob, Ehrfurcht, Dienst sich urbildlich von Gott zum Menschen hin vollzieht, wird da nicht zum erstenmal der Mitmensch erheblich? Nicht bloß der unvermeidlichen sozialen und politischen Ordung wegen, sondern aus dem innersten Kern der Religion?

«Was ihr dem Geringsten meiner Brüder tut...» (Mt 25,40), «seid barmherzig, wie euer himmlischer Vater...» (Luk 6,36), «nicht nur siebenmal, sondern siebenmal siebzig», also unzählige Male (Mt 18,22). «Einer trage des andern Last» (Gal 6,2): weil Gott in Christus auf realste Art meine und deine Last getragen hat. Überträgt man einmal das alte Schema des *desiderium* oder des menschlichen Grundwillens zur Anschauung Gottes ins Zwischenmenschliche, so enthüllt sich darin die ihm zugrundeliegende Gefahr eines alles sich gefügig machenden Egoismus: ich möchte gelobt werden, aus ehrfürchtiger Distanz und in angemessenem Dienst. Eben dieser verborgene Egoismus kehrt sich im absteigenden Dienst Gottes am Menschen um: jetzt tritt eigentlich erst das in der Schöpfung gemeinte Humanum ans Licht: Lob und Freude am uneinholbaren Anderssein des Andern («Er schuf sie als Mann und Frau» Gen 1,27), Ehrfurcht vor diesem Anders gerade auch dort, wo Liebe sich zwischenmenschlich im Geschlecht darlebt. Nie ist der Andere Mittel zum Zweck, sondern immer der in Verantwortung zu Verehrende; Dienst schließlich, der das alltägliche Einanderdienen-Müssen den Menschen in einem beliebigen sozialen Beruf in seine religiöse Erfüllung führt. Christi Abstieg in den vollkommenen Dienst am Vater vollendet sich, wo er zu Speise und Trank für seine Mitmenschen wird, uns zum Vorbild. Origenes wagt hier die Analogie: Jesus als Ganzer in seinem vollkommen lauteren Dienst kann für alle «wahre Speise und wahrer Trank» (Joh 6,55) werden. «An zweiter Stelle sind eine reine Speise Petrus und Paulus, an dritter alle seine Jünger. Und so vermag ein jeder je nach der Lauterkeit seines Sinnes seinem Nächsten eine reine Speise zu werden» (hom. 7,5 in Lev.).

Man kann sich fragen, ob hier nicht geradezu der natürliche «Anknüpfungspunkt» für die Offenbarung liegt: daß in einer solchen Sicht des Mitmenschen, im Anblick seiner Würde die eigentliche Freude, im selbstvergessenen Dienst an ihm so etwas wie die Seligkeit liegt, während in einem unsozialen Drang nach dem Absoluten, in das man sich einarbeiten und sogar darin aufgehen möchte, etwas Widernatürliches liegt. Man dürfte bloß solch erfüllende Freude im Andern nicht «Eudämonismus» nennen und daraus die Richtlinie für jede wahre Gnadenlehre machen wollen. Aber vielleicht ist es doch so, daß diese Freude, die dem Menschen von Natur mitgegeben ist, erst dann wirklich aufblüht, wenn die christliche Erfahrung gemacht worden ist, daß Gott nicht das «Transzendente» ist, sondern Der, welcher sich sebst als für den Menschen daseiend definiert (Ex 3,14).

Homo creatus est, 20-22

Das Urbild von Lob, Ehrfurcht und Dienst in Gott selber

In seinem Tod hebt Jesus Christus die Trennungslinie zwischen Himmel und Erde auf. Was aber besagt dies? Nichts Geringeres, als daß das den Menschen als Geschöpf vom schaffenden Gott Unterscheidende sein Urbild, die Bedingung seiner Möglichkeit in Gott selber hat. Nicht mehr stehen Gott und Mensch wie Herr und Knecht einander gegenüber. Der Herr ist Knecht geworden, weil er es offenbar innerlich werden konnte. Sollte es also in Gott selber das Urbild von Lob, Ehrfucht und Dienst geben, damit ein Geschöpf überhaupt möglich wurde? Ist es so, daß im ewigen Anderssein des Sohnes gegenüber dem Vater, mehr noch: in seiner Bereitschaft, den ganzen Willen des Vaters bis in die letzten Konsequenzen der geschöpflichen Freiheit zu tun, das Anderssein des Geschöpfs und seiner Haltung vor Gott allererst begründet ist? Und in Gott wäre dieser Abstand und diese Ehrfurcht der göttlichen Personen voreinander die bleibende Voraussetzung ihres Einsseins im Heiligen Geist: der Vater «größer als ich» (Joh 14,28) und dennoch: «Ich und der Vater sind eins» (Joh 10,30)?

Ist das wahr, so mag die Rede vom «Bild und Gleichnis» Gottes wieder aktuell werden, aber jetzt in umgekehrter Reihenfolge: weil nicht der Mensch sich als Bild fühlt und nach der Gleichheit mit Gott strebt, sondern weil es in Gott ein Ur-Bild gibt, der das Vorhandensein eines bloßen Bildes erst ermöglicht. Dann wird es so sein, daß das Bild, der bloße Mensch, sich Gott in dem Maße nähert, als er dem Urbild nachstrebt, das vom Himmel auf die Erde kommt, absteigend, um bis ins Unterste, in die Scheol, den Willen des Vaters zu tragen. Das ganze Evangelium wird den Menschen auf diesen Weg verweisen, und die Exerzitien werden, im Gegensatz zu allen frommen, platonisch-neuplatonischen Aufstiegslehren, den Nachfolgewilligen in diese Richtung weisen.

Homo creatus est, 20

Logik der Indifferenz

Der Weg des Sünders zur Indifferenz

Die ignatianischen Exerzitien kennzeichnet mit jeder wünschbaren Deutlichkeit ein Doppelrhythmus, dessen erster Takt die notwendige Vorbereitung des zweiten ist. Vom Fundament, ja schon von der ersten Vorbemerkung (n. 1) an, wird mit unerbittlicher Konsequenz ein Einziges eingeübt: die *indiferencia:* negativ als Überwindung aller «ungeordneten Neigungen», die den Menschen vorweg bestimmen, dem ihn Lockenden zu folgen, das ihm

Peinliche zu meiden, wobei sich das «Ungeordnete» der Neigungen durchaus hinter den allen Menschen «natürlichen» Strebungen verbergen kann: wer wollte schon «Gesundheit nicht mehr als Krankheit begehren, Reichtum nicht mehr als Armut, Ehre nicht mehr als Ehrlosigkeit, langes Leben nicht mehr als kurzes» (n. 23)!

Der Maßstab für das, was hier «Unordnung» heißt, liegt aber offenbar nicht in einer Idee und einem Ideal der Humanität, er ist kein anthropologischer, sondern von vornherein ein transzendenter, theologischer: der Wille Gottes über dem Menschen, über jedem Einzelnen im besonderen. Damit dieser «göttliche Wille gesucht und gefunden» werde und er über das Leben «disponieren» *(disponer)* kann, wird die *indiferencia* eingeübt, um die «Seele in Bereitstellung zu versetzen» *(disponer)* (n. 1), positiv diesen höheren Willen «zu suchen und zu finden». Das theologische Menschenbild, das im «Fundament» als einzig normatives vorgestellt wird, ist nicht das der «religiösen Selbstverwirklichung», sondern das des Über-sich-hinaus des Menschen auf «Gottes Lobpreis, Verehrung und Dienst». Nur in dieser Transzendenz «rettet er seine Seele». Und «alles übrige, was es auf Erden noch gibt», alle weltliche Immanenz ist auf dieses transzendente Ziel hin gegeben und auszurichten.

Indiferencia um jeden Preis. In sie üben die zu meisternden seelischen Gestimmtheiten ein: Tröstungs- und Trostlosigkeitserfahrungen, um ihretwillen soll einer, der «ungeordnet an einer Sache hängt, unter Aufbietung aller Kräfte zum Gegenteil dessen, wozu er eine ungeordnete Neigung hat, hinstreben, ... sich auf dieses Gegenteil hin einstimmen *(affectarse)*, indem er darauf in Gebeten und anderen geistlichen Übungen hindrängt und von Gott unserem Herrn das Gegenteil erbittet» (n. 16). Dieser vielleicht übertrieben scheinende Rat wird spätestens dann als normal und notwendig erkannt, wenn es für den Christen um die Nachfolge des leidenden Christus gehen wird, der für sich Schmerz, Schmach, kurzes Leben gewählt hat.

Homo creatus est, 31-32

Die archetypische Stellung Marias

Die Exerzitien lieben und empfehlen den Gebetsweg «durch Maria zu Jesus zum Vater» (n. 63 usw.). Dies muß nach der Logik der Exerzitien besagen, daß Maria [...] eine bestimmte archetypische Stellung zu ihrer Idee und ihrem angestrebten Ideal zukommt.

Für Maria ist der Aufweis leicht, hat sie doch – nach der katholischen Dogmatik – aufgrund ihrer unbefleckten Empfängnis und Sündenlosigkeit die vollkommene Haltung der Kreatur, ihre *indiferencia* zu Gott immer schon erreicht. Sie braucht nicht um Überwindung von ungeordneten Neigungen zu ringen. Sie ist in jedem Augenblick ihres Daseins bereit für den göttlichen Ruf, wobei wir aber auch die naturhaften Schranken ihrer Kreatürlichkeit, die ihre Bereitschaft nicht stören, wahrnehmen. Sie bedarf einer Zeit der Reifung, bis der ausdrückliche Ruf an sie ergeht: diese Diastase zwischen Bereitschaft und Ruf kennzeichnet am deutlichsten ihre reine Kreatürlichkeit und unterscheidet sie vom Menschsein ihres Sohnes. In der Zeit ihrer Bereitschaft vor dem Ergehen des Rufes kann sie Entschlüsse fassen, die scheinbar ihrer nachherigen Berufung widersprechen – den Entschluß zu ihrer Ehe mit Joseph –, aber tiefer gesehen sich ihrer Berufung einfügen, sogar als notwendiges Element: soll doch ihr Sohn aufgrund dieser Verbindung mit Joseph zurecht als «Sohn Davids» gelten können. Ferner kann sie in der Szene der Berufung ohne jede Unordnung perplex sein, wie sie sich dem Willen Gottes gemäß zu benehmen hat («Wie soll dies geschehen?» Lk 1,34), und das Nichtverstehen, das von ihr bei der Szene des Zwölfjährigen (Lk 2,50) berichtet wird, hat sie gewiß weitgehend bis hin zum Kreuz begleitet; es ist geradezu in ihrem Jawort eingeschlossen, daß sie sehr vieles von dem, was sie im Gehorsam tut und leiden muß, im gehorsamen Vollzug nicht versteht. Um wieviel weniger vollkommen, ja um wieviel weniger menschlich erschiene sie uns ohne die Nacht, durch die sie dauernd und steigernd hindurch muß, bis zur Szene der Pietà (vgl. n. 298). In der Schwierigkeit ihres Lebens wird sie – trotz oder wegen ihrer Makellosigkeit – zur Fürsprecherin für die Sünder, deren meist ganz andersartige Ratlosigkeit aus Verirrung herkommt. Sie kann mit uns Sündern «mit-leiden» und wie ihr Sohn durch Leiden den grundsätzlich bejahten Gehorsam an Gott tiefer «lernen» (Hebr 5,8). Aber dieser ganze Weg, den sie in Mühsal zu gehen hat, liegt in der Mitte des Willens Gottes, der erhaltenen Berufung als Mutter des Messias.

Um dieser absoluten Richtigkeit ihres Schreitens willen erbittet der Exerzitand ihre Vermittlung. Sie möge ihn auf den rechten Ausgangspunkt bringen – die Überwindung aller «ungeordneten Neigungen» (nn. 1, 21 usw.), die *indiferencia* des unbedingten Jasagens der Magd des Herrn –, in dem sie sich auskennt, weil sie immer schon von diesem Punkt ausgegangen ist (nn. 63, 109, 147, 156).

Homo creatus est, 33-34

Der Grundbegriff: Indifferenz oder Verfügbarkeit

Der Grundbegriff der ignatianischen Exerzitien [...] heißt in «Prinzip und Fundament» *Indifferenz*. Da für Ignatius der Mensch nicht geschaffen ist, um nach seiner Glückseligkeit zu streben [...], sondern um Gott zu loben, zu verehren und ihm zu dienen (n. 23), so muß er in erster

Linie zu allem bereit sein, was der Herr in solchem Dienst von ihm verlangt. Diese Indifferenz wird im Verlauf der Exerzitien, wo der Kreuzweg Christi vorgestellt werden wird, sich dahin konkretisieren, daß der Mensch sich ausdrücklich dafür anbieten wird, Christus auf diesem Weg zu folgen (n. 98), aber so – Ignatius wiederholt es bei jeder Gelegenheit! – daß sein Wunsch demjenigen seiner göttlichen Majestät entspreche (vgl. auch nn. 146, 168), der für jeden einen bestimmten Weg gewählt hat, damit der einzelne Mensch ihn wähle (n. 135).

Ist nun aber diese ignatianische Indifferenz nicht identisch mit […] der vollkommenen Bereitschaft oder *Verfügbarkeit* Marias? Ist sie doch von Anbeginn an nichts anderes als die Magd des Herrn, aus der man alles machen kann – die Vertreterin der alttestamentlichen Familie, die der Sohn verläßt, die an die Kirche Weggegebene, schließlich die Königin des Himmels?

Adriennes Charisma, 174-175

Verherrlichung als «gelassene» Liebe zu Gott

Die ganze mittelalterliche Denkwelt verbleibt beim Versuch eines Ausgleichs zwischen der biblischen Verherrlichung Gottes und der antiken Seligkeit in Gott. Ignatius hebt sich davon ab, sofern er «Lob, Ehrfurcht, Dienst» als das Schöpfungsziel bezeichnet (auch im Schlußsatz des «Fundaments», dem gemäß der Mensch indifferent wählen soll: *lo que más nos conduce para el fin que somos criados*), und nur in einem kurzen Nachsatz und wie nebenbei erwähnt, daß der Mensch, so handelnd, «seine Seele rettet», sein Heil erlangt. Auch ist zu beachten, daß Ignatius mit höchstem Nachdruck zur Erlangung jener Indifferenz als der Voraussetzung für reines Lob und reinen ehrfürchtigen Dienst schon von Anbeginn an den Selbstüberstieg aller eigensüchtigen Strebungen verlangt, und daß diese

Anstrengung durch die ganzen Exerzitien hindurch darauf zielt, das von Gott *für mich* Erwählte zu meiner eigenen Wahl zu machen (n. 135), also «Lob, Ehrfurcht, Dienst» aus «großmütiger» Liebe zu Gott (n. 5) als Lebensziel zu wählen. So kann er, wie nebenher *amor y alabanza* (n. 15), *amar y servir* (n. 233), *en todo amar y servir* (n. 363) zusammenstellen und beides in einem Atem aussprechen. Wie der Gott lobende und ihm dienende Psalmist das Schema, als Hauptgebot, im Ohr hat, so ist bei Ignatius durch die ganzen Exerzitien die Liebe zu Gott verborgen und doch wirksam gegenwärtig, aber so, daß dabei immerfort auf Gott und seine Glorie hin gedacht und vor allem gehandelt wird (denn alle Gebets- und Wahlformen der Exerzitien sind im eminenten Sinn Handeln, wie schon aus dem Vergleich mit Leibesübungen in der ersten Vorbemerkung deutlich wird). Liebe kann dann als Letztes thematisch in der «Betrachtung zur Erlangung der Liebe» (nn. 230-237) hervortreten, wobei der Begriff «Seligkeit» immer noch unerwähnt bleibt; dieser braucht auch gar nicht formuliert zu werden, da die ganze Seligkeit des Menschen sich schon klar in dem auf Gottes überschwengliche Liebe antwortenden «Suscipe» (n. 234) liegt. Wenn einer Gott alles Eigene anheimgestellt hat, weil er ihm Erhaltenes zurückgibt, was kann ein solcher mehr verlangen? «Gib mir Deine Liebe und Gnade, das ist mir genug.» Ob das jeder begreift? Ignatius denkt es nicht, weshalb er die Exerzitien auch nicht jedermann, sondern nur an *raras personas* zu geben bereit ist.

Homo creatus est, 23-24

Logik des Je-Mehr

Das geistige Kennwort der Exerzitien

Der Komparativ (*más, mejor* usw.) ist als die nach oben offene Steigerung, der eigentliche Lebens- und Denkrhythmus des Gründers der Gesellschaft Jesu, der, jedem statischen Positiv und Superlativ abhold, in der Unabschließbarkeit des Mehr das unterscheidend Göttliche *(Deus semper major),* aber auch das unterscheidend Geschöpfliche Gott gegenüber *(ad majorem Dei gloriam)* ausgedrückt sieht. So wird dieser offene Komparativ, der auch alle Briefe Ignatius' und seine Konstitutionen formt, zum geistigen Kennwort der Exerzitien.

Ignatius von Loyola, 95

Liebender Dienst

Der Gedanke der «je größeren Herrlichkeit Gottes» *(ad majorem Dei Gloriam)* lebt im Ursprung nur vom einfachen Blick durch Christus hindurch auf den trinitarischen Gott (Bericht, 28), in dessen liebendem und ritterlichem Dienst die eigene Existenz sich aufzehren möchte: Gott erscheint diesem Blick – wie den Vätern, wie Anselm – als das uneinholbar Je-Größere, in der Dynamik eines Komparativs, der mehr aussagt als jeder abschließende Superlativ, und der dennoch die durch Gottes Gnade und Sendung verfügte Ausdrucksgestalt im christlichen Leben nicht ungläubig als eine Unmöglichkeit ansieht. Die lutherische Dialektik von Gesetz und Gnade, die einen Gehorsam nicht aufkommen läßt, sondern ihn immer wieder reflektierend aufhebt, erscheint von hier aus als mangelnder Glaube.

H III/1/2, 460-461

Der johanneische Komparativ

Zum Prinzip des Je-Größeren für alles, was Gott selbst und seine Offenbarung angeht [...] wird es nicht erst bei Ignatius von Loyola erhoben (bei dem es Lebensrhythmus ist), auch nicht erst bei Anselm (dem das *id quo maius cogitari nequit* Denkrhythmus ist), sondern in den johanneischen Schriften, die von einem spezifisch *johanneischen Komparativ* zu sprechen gestatten. Ihm eignet gleichzeitig eine Unerbittlichkeit, die eben dort, wo das Höchste erreicht scheint, in das je-Höhere verweist, und eine Gelassenheit, die das Größere (und zwar nach oben unabschließbar Größere) als die selbstverständliche Voraussetzung, ja als die innere Form der erscheinenden Gestalt betrachtet. Da Nathanael den Gipfel der für einen Juden möglichen Offenbarung erlebt zu haben meint: «*Größeres* als das wirst du sehen» (Joh 1,50). Da das Zeugnis des Johannes, der «brennenden Leuchte», als das stärkste erscheint, das für Jesus abgelegt werden kann: «Ich habe ein Zeugnis, das *größer* ist als das des Johannes...», jenes, worin der Vater sich in den Werken Jesu als der Sendende bezeugt (5,36). Und auch diese Werke sind kein Superlativ: «*Größere* Werke wird der Vater ihm (dem Sohn) zeigen, so daß ihr staunen werdet» (5,20). Aber selbst diese größeren Werke werden übertroffen werden durch den, der glaubt, daß der Sohn zum Vater geht und daß der ganze dreieinige Gott in der Kirche wirken wird: «Die Werke, die ich tue, wird auch er tun, und *größere* als diese wird er tun» (14,12). In den Gesprächen mit der Samariterin und mit den Juden übertrifft die Erscheinung Jesu jeweils das Summum, das sie als Vergleich zulassen möchten: «Woher hast du das lebendige Wasser? Bist du *größer* als unser Vater Jakob?» (4,11f.). «Bist du *größer* als unser Vater Abraham? ... Zu wem machst du dich?»

(8,53). Aber Jesus antwortet, er verherrliche sich nicht selbst, sondern verweist auf das über ihm offene je-größere Mysterium seines Ursprungs: «Der Vater ist *größer* als ich» (14,28). Der erste Johannesbrief wendet diesen Komparativ dreifach auf die christliche Existenz (und damit auch auf die Theologie) an: Wahrheit, die der Mensch empfangen muß, gründet auf Wahrhaftigkeit der Bezeugung; hier aber übersteigt die göttliche Wahrhaftigkeit jede mitmenschlich mögliche unendlich: «Wenn wir das Zeugnis von Menschen annehmen, so ist Gottes Zeugnis *größer,* und ein solches Zeugnis hat Gott für seinen Sohn abgelegt» (1 Joh 5,9). Er hat es aber nicht nur *vor* den Glaubenden abgelegt, sondern ausdrücklich *in* ihnen, so daß sie an der Welttranszendenz der Wahrheit Gottes teilhaben: «Der in euch ist, ist *größer,* als der in der Welt ist» (4,4). Und in dieses Sein des je-größeren Gottes im Christen (das keineswegs bloße Transzendenz ist!) übersteigt auf nicht festzulegende Art das Selbstbewußtsein und Gewissen des Glaubenden: «Gott ist *größer* als unser Herz, denn er weiß alles» (3,20). Nur scheinbare Ausnahme von diesem offenen Komparativ ist die Aussage im Evangelium: «Eine *größere* Liebe hat niemand, als wer sein Leben für seine Freunde dahingibt» (15,13), denn was unter Menschen das höchstmögliche Liebeswerk bleibt, öffnet sich ins Unbegreiflich-Größere, wo Gott selbst aus Liebe zu uns seinen ewigen Sohn in den Tod dahingibt und sich damit zum uneinholbaren Urbild von Liebe macht (1 Joh 4,9).

Der johanneische Komparativ kann alles sich ihm nicht Fügende exkludieren: alles, was irgendwo haltmacht, gehört zur «Welt», wird ausgeschlossen, weil es sich, haltmachend, immer schon selber ausgeschlossen hat («hätten sie zu uns gehört, so wären sie bei uns geblieben» 1 Joh 2,19). Aber er schließt nur aus, um die je-stärkere inkludierende Kraft der Wahrheit Gottes ins Licht und ins Recht zu setzen, die, einmal von der Erde erhöht, alles an sich zieht (Joh 12,32).

TD II/1, 115-116

«Si comprehendis non est Deus»

Die christliche Geistesgeschichte hat auf allen ihren Höhepunkten das biblische Mehr-Wissen über Gott kritisch vor das metaphysische Wissen um das Mysterium des Seins gestellt. *Si comprehendis non est Deus*, warnt mit den griechischen Vätern Augustinus (Sermones CXVII 3, 5), und nicht anders Gregor der Große, nicht anders die durch das lateinische Mittelalter immer neu aufgenommene Tradition des Dionysios Areopagita, bis hin zum Kusaner. Daß dies christlich richtig war, zeigen die wegweisenden Gotterfahrungen der großen Heiligen: eines Benedikt, der die christliche Existenz unter die prägende Form der demütigen Ehrfurcht stellt; eines Franziskus, der – mitten aus der christlichen Gotterfahrung und jedem Pantheismus abhold – durch die brüderliche und schwesterliche Kreatur hindurch die Anwesenheit des Gottes der Liebe erspürt und ihr begegnet; eines Ignatius von Loyola, der die Betrachtung der christlichen Heilsgeheimnisse auf den Kosmos hin öffnet (in der «Betrachtung zur Erlangung der Liebe» nn. 230-237) und das All epiphan erlebt: als Geschenk des sich mitteilenden Gottes, als Wohnung des in allen Dingen immanenten Gottes, als Leistung des sich in allen Dingen «mühenden Gottes», schließlich beinahe plotinisch als strömendes Licht und Wasser Gottes selber.

Spiritus Creator, 270

GEBET

Das Verweilen im Wort

Beim Wort verweilen

Jede Anweisung in die Meditation spricht von Verweilen (vgl. nn. 12, 18, 19). Es können Uhrzeiten angegeben werden, wie lange man «verweilen» soll, aber die Länge der Zeit kann variieren, ohne daß die Sache, das Verweilen selbst, sich ändert. Die Uhrzeit muß freilich so ausgedehnt sein, daß es zu einem geistigen Verweilen überhaupt kommen kann. [...] Wir verweilen dort, wo wir nicht auf Reisen, sondern zuhause sind. Die Landschaft der Selbstoffenbarung Gottes in Jesus Christus ist unsere Heimat. Es ist eine Landschaft, die zu durchwandern man nie fertig wird – immer zeigen sich neue Ausblicke – aber die uns vertraut ist und, je mehr wir sie bewohnen, desto vertrauter wird. [...] Denn der endgültige Raum, in dem wir beheimatet sind, ist der Raum der erfüllten Sendung des Sohnes, der mit all seinen irdischen Erfahrungen in die Ewigkeit der Trinität heimgekehrt ist. Hier erscheinen alle durchlebten Situationen in ihrer endgültigen Wahrheit, sie sind als die Vielheit seiner «Zustände» alle integriert in den ewigen und einheitlichen Zustand des Sohnes im Vater. Genau auf diese letzte Integration zielt die Meditation. [...]

Da uns die Einfaltung aller irdischen Zustände Jesu nicht unmittelbar zugänglich ist, tun wir gut daran, einstweilen von einem seiner Geheimnisse ausgehend die darin liegende Einheit zu umkreisen. Die Arbeit der Umkreisung eines Geheimnisses, das Abschreiten seiner Dimensionen will aber nicht in Abstand bleiben, sondern der Mitte und Tiefe zustreben: der innern Haltung des Gottmenschen, der all sein Irdisches als Werkzeug in der Sendung des Vaters versteht und mit diesem durch den Heiligen Geist im Gebetskontakt bleibt, um seinen Willen zu erfassen.

Bei irgendeinem der Schritte geht uns, wie ein Vorhang sich hebt, ein Blick in diese Mitte auf. Dann heißt es gebieterisch: innehalten! Daß der Vorhang sich hob, ist Gnade und ist Einladung, das Gesichtete zu fassen, sich von ihm durchdringen zu lassen, in einer Öffnung der Sehnsucht (und keineswegs eines Genuß- und Besitzwillens), die davon erfüllt werden möchte. Es kann Freude, sogar überwältigende Freude damit verbunden sein, daß uns dies vergönnt wird, daß wir die Früchte nicht nur durch die Scheibe eines Schaufensters betrachten, sondern «schmecken» und «kosten» dürfen. Das sind die alten Worte für diese geschenkte Teilhabe. «Viel wissen und nichts verkosten: was nützt das?» (Bonaventura über Franziskus, Hexaem. XXII, 21). «Nicht das Vielwissen sättigt die Seele und gibt ihr Genüge, sondern das Fühlen und Kosten der Dinge von innen» (n. 2). Ignatius läßt es an dieser Stelle offen, ob dieses Kosten «durch eigenes Eindringen» in das Betrachtete zustande kommt, «oder sofern die Einsicht durch göttliche Kraft erleuchtet wird»; das erste wird schwerlich ohne etwas vom zweiten zustandekommen, aber das zweite sicherlich nicht ohne das erste.

Christlich meditieren, 45-49

Wie Maria, die alle Worte in ihrem Herzen bewahrte

Der Beter soll das Wort in sich aufnehmen, in ihm ruhen und sein, es in sich ruhen und sein lassen wie Maria, die

Mutter des Herrn, die alle Worte in ihrem Herzen bewahrte und bewegte. Dies tat sie aus Liebe zu dem Wort, das ihr Herr und zugleich ihr Kind war. Liebe aber wünscht nichts als das Beieinander- und Füreinandersein. Sie ruht und schwingt in einer nicht endenden, sich nie gewöhnenden Bewunderung des Daseins und Hierseins des Geliebten. Sie strebt nicht geschäftig und listig nach eigener Bereicherung ihres Geistbesitzes. Sie nützt den Geliebten nicht aus. Sie läßt sich ebenso arglos beschenken, wie er schenkt. Darum soll der Beter bei jedem Satz oder Wort so lange verweilen, darin ruhen, sich davon ernähren, sich daran genug sein lassen, als es nur immer angeht; im sichern Bewußtsein, daß, wer sich mit «einer» Wahrheit Gottes abgibt, nichts versäumen kann, weil diese Wahrheit ja unendlich ist und deshalb alle übrigen Aspekte einschlußweise in sich vereinigt. Im «Weinstock» ist auch der «Hirt» und der «Sämann» und der «Samaritan». Jede Hast, jede Neugierde, jeder Drang, mit etwas fertig zu werden, es zu etwas bringen zu wollen, jede Geschäftigkeit der Martha muß aus dem ruhenden Horchen der Maria fernbleiben. «Denn nicht das Vielwissen sättigt die Seele, sondern das Fühlen und Kosten der Dinge von innen» (n. 2).

Thessalonicher- und Pastoralbriefe, 9

Das Verstehen aus dem Geist bei Maria

Was hat [Maria] doch schon bei der Hochzeit von Kana alles begriffen! Daß sie für die Armen, die nichts mehr vorzusetzen haben, bitten darf, weil ihr Sohn, wenn er will, Abhilfe schaffen kann; daß sie sich durch seine Ablehnung nicht entmutigen lassen darf (es ist, als hätte sie das Gleichnis vom Bittsteller um Mitternacht [Lk 11,5ff.] und vom gottlosen Richter [Lk 18,1ff.] schon verstanden) und daß sie schließlich alles dem Sohn überlassen darf: das sicherste Mittel, damit alles Erbetene nach Gottes Willen erreicht wird: «Tut, was er euch sagt» (Joh 2,5). Sie hat sehr viel vom Dogma und vom praktischen christlichen Leben schon begriffen, einfach aufgrund ihres bedingungslosen Jawortes. Und wir dürfen kühn sagen: sie hat unter dem Kreuz auch verstanden, daß man zum Unbegreiflichsten ja sagen muß.

Das alles liegt unverbrüchlich in ihrem Gedächtnis. Niemand hat ein ähnlich lückenloses Gedächtnis vom ersten Augenblick der Menschwerdung an bis zum Kreuz, zur Pietà, zum Begräbnis und zur Auferstehung, denn hier muß man Ignatius von Loyola zitieren: Jesus ist vor allem «unserer Herrin erschienen; obgleich die Schrift dies nicht ausdrücklich sagt, setzt sie voraus, daß wir Verstand haben, wie geschrieben steht: ‹Seid auch ihr ohne Einsicht?› (Mk 7,18)» (nn. 220, 299).

Maria für heute, 36-37

Betrachtung als nüchterne Arbeit

Das Leben der Betrachtung ist unweigerlich auch ein Alltagsleben: kleiner Treue, kleinen Dienstes, im Geist der alles erleichternden und wärmenden Liebe verrichtet. Sonne und Helligkeit können zuweilen und sogar oft sich in Nebel und Wolken verhüllen. Hier gilt Pauli Wort: «Wer nicht arbeiten will, soll auch nicht essen» (2 Thess 3,10). Betrachtendes Gebet ist eine Arbeit. Sie wird aus Liebe für den Geliebten getan, der sich «in allen geschaffenen Dingen anstrengt und müht um meinetwillen» (n. 236), der bis zum Kreuz keine Schinderei gescheut hat, um mir seine Liebe anzutragen. Betrachtung ist Arbeit, die auch dann weiterarbeitet, wenn für den Beter selbst scheinbar nichts herausschaut (vgl. n. 13). Wie eine Frau in ihre Handarbeit alle ihre Liebe hineinstickt, auch wenn der, der das Gewand nachher trägt, gar nie merken sollte, was dahineingesteckt worden ist. Sie ist ein Gespräch (n. 54), worin man sich anstrengt, nicht allzu langweilig zu sein, nicht täglich dasselbe zu sagen oder zu denken, vielmehr die Gaben der Phantasie und der erfinderischen Vernunft anzustrengen, um Gott wenigstens das Bißchen anzubieten, was ich aus mir herausholen kann, worin er die Gebärde meiner Liebe wiedererkennt und den Versuch einer Antwort auf die nie erlahmende, erfinderische Liebe des Heiligen Geistes, der mir täglich neue Seiten Gottes zu erschließen sich bemüht.

Betrachtung ist eine Arbeit, die in einer gewissen Nüchternheit getan sein muß (wie aller kirchliche Gottesdienst und das ganze kirchliche Leben; Nüchternheit ist eine der am häufigsten eingeschärften Tugenden im Neuen Testament), und darin doch nicht hart und schartig werden darf. Es ist die Nüchternheit der Heiligen, die mit einer gewissen lächelnden Milde zusammengeht, die die weiche, biegsame Bereitschaft des Herzens in allem Getanen offenbart. Wie der Heilige Geist immer leise und sanft verfährt und sich dem kundtut, der ihn nicht im dramatischen Streitgespräch mit Gott sucht, sondern im allergeringsten und demütigsten Wink, der uns auf die Liebe hinweist, so auch das Herz, das für dieses verborgene Leuchten des Geistes ein Gespür haben will.

Das betrachtende Gebet, 123-124

Das Licht des Heiligen Geistes

Die Weiten des Wortes Gottes eröffnen sich dem christlich Meditierenden einzig durch den ihm geschenkten göttlichen Geist. Wie sollte er verstehen können, was das Innere Gottes ist, das sich selber erschließt, außer durch den Geist Gottes, der ihm mitgeteilt wird (1 Kor 2,10)?

Dies wird sogleich anschaulich angesichts der oft wiederholten Meditationsanweisung, der Betrachter soll sich so konkret wie möglich in die Szene hinein zu versetzen suchen, die er zu betrachten wünscht (vgl. n. 47): er soll im Stall von Bethlehem dabei sein als einer der Hirten, auf der Wanderung nach Ägypten mitfolgen, eine Bestellung bei Jesus, dem Zimmermann in Nazaret einreichen, soll einer Heilung in der Synagoge von Kapharnaum beiwohnen und unter den fünftausend wundersam Ernährten dabei sein usf.

Diese Bemühung wird zu Recht verlangt, wenn ihm das zu Betrachtende als Konkretes Heilsträchtiges erscheinen und nicht in machtlosen Abstraktionen verblassen soll. Aber dieses ganze Sich-Hineinversetzen bliebe ein zweifelhaftes psychologisches Experiment, wäre es nicht durch den viel tieferen Glauben gerechtfertigt, daß der Heilige Geist das einstmals geschichtlich Geschehene aller menschlichen Bemühung voraus über alle Geschichtszeit hinaus entrückt und allzeitlich gemacht hat, es mir somit immer schon als gegenwärtig vorlegt, ehe ich mich um Vergegenwärtigung oder «Gleichzeitigkeit» bemühe.

Christlich meditieren, 26-27

Bewegungen des Geistes

Gebrochenheit der Gotteserfahrung

Gott ist wesenhaft nur durch Nichterfahrung hindurch erfahrbar; christlich gewendet: nur durch jenen entscheidenden Verzicht, der im christlichen Glauben, Hoffen und Lieben liegt. Glaube heißt: Du, Gott, hast auf jeden Fall recht, auch wenn ich es nicht einsehe oder vielleicht das Gegenteil wahrhaben möchte. Hoffnung heißt: in Dir, Gott, habe ich allein sinnvollen Bestand, und dafür lasse ich alle Selbstversicherung fahren. Liebe heißt: alle meine Kraft und mein ganzes Gemüt strengt sich an,

Dich, Gott, zu bejahen (und mich nur in Dir) und jene Menschen, die Du mir zu «Nächsten» zugewiesen hast.

Wenn von diesen drei zentrifugalen Bewegungen etwas auf mich bestätigend zurückstrahlt, so gehört dies nicht zum Sinn der Bewegung selbst, und noch viel weniger werde ich die Bewegung um jener Bestätigung willen vollziehen. Die Dinge verhalten sich vielmehr paradox: je weniger einer sich und seine Erfahrung sucht, um so eher kann ihm eine solche zuteil werden; je mehr er dagegen nach seiner Befriedigung schielt, um so weniger erhält er sie, oder die gewonnene Erfahrung wird christlich falsch. Sie ist allenfalls eine seelische Erregung, ein lustvoller Enthusiasmus, wie man ihn religionsgeschichtlich und religionspsychologisch in sehr vielen nichtchristlichen religiösen Versammlungen findet. Die überlieferten klassischen «Regeln zur Unterscheidung der Geister» [...] Ignatius' von Loyola (nn. 313-336; vgl. DSp Bd. III) weisen [...] auf die Gebrochenheit solcher Erfahrung, die sich erst dort zu einer Eindeutigkeit klärt, wo der Christ und Beter eine gewisse Endgültigkeit der Loslösung von sich selbst und seinen Erfahrungserwartungen erreicht hat.

Will doch der Heilige Geist nichts anderes, als in uns «Christus ausgestalten» (Gal 4,19): Christus aber lebte nicht sich selbst zu Gefallen» (Röm 15,3), «suchte nicht die eigene Ehre» und deren Genuß (Joh 5,41), «hielt nicht an seiner Gottgestalt (und damit an seiner Gotteserfahrung) fest» (Phil 2,6), wurde um unsertwillen «arm», nicht nur materiell, sondern vor allem im Geiste, da er uns dadurch auch nicht materiell, sondern im Geist (des selbstlosen Schenkens!) reich machen wollte (2 Kor 8,9 und der ganze Zusammenhang). Die Entäußerung kennzeichnet den Sohn in seiner Erniedrigung; um uns ihm gleichzugestalten wird der Geist uns vor allem in diese Abstiegsbewegung einüben.

Pneuma und Institution, 336-338

Gott verkosten und ihm dienen

Betend sollen wir Gott innewerden und verkosten (*interne sentire et gustare* n. 2). Und doch sollen wir betend nicht Genuß suchen, sondern reinen Dienst Gottes (n. 5). Damit wir beides vereinen lernen, nimmt uns Gott in seine Schule, die in einem ständigen Wechsel von Tröstungen und Verlassenheiten besteht (n. 6), bis wir gelernt haben, ganz selbstlos auch zu genießen, den Genuß selbst als Dienst zu vollziehen.

Das Weizenkorn, 18

Dialektik von Trost und Trostlosigkeit

Unevangelisch ist jede Theorie, die (wie die montanistische und messalianische) eine psychologische Geist- oder Trost-Erfahrung zum Kriterium für Vorhandensein oder Intensität des echten Glaubens macht. Sowenig das Selbst ein Gegenstand der Meditation ist, sowenig sind es Glaube-Hoffnung-Liebe, die vielmehr die loslassende Bewegung der Seele von sich weg zu Gott hin bedeuten. Deshalb kann im lebendigen Glaubensleben immer nur dialektisch von «Erfahren und Nichterfahren», von «Trost und Trostlosigkeit» («Regeln der Unterscheidung» nn. 313-336) gehandelt werden; echter Glaube muß durch Nichterfahrung seiner selbst (durch Askese) geläutert werden zu so etwas wie «Erfahrung» Gottes [...]. Luther wollte sich des loslassenden Glaubens reflexiv versichern. Heute ist die gleiche Versuchung bei Pneumatikern groß. Katholisch kann ein Nichterfahrender auf der gleichen Stufe der Heiligkeit stehen wie ein Erfahrender (deshalb auch ein Nicht-Mystiker auf der gleichen wie ein Mystiker).

Katholische Meditation, 31

Unmittelbarkeit zwischen Gott und Seele

Die Unmittelbarkeit im Wahlakt zwischen Gott und der Seele (n. 15) hebt sich ab von der Zeit der kirchlichen Vermittlung vorher und nachher; die Zweitursachen assistierten nur noch dem Geheimnis des unvermittelten Eins von Wort und Antwort. In diesem Transparentwerden alles Amtlichen in der Kirche in die Unmittelbarkeit des Wahlaktes hinein stehen die Exerzitien Aug in Aug zur Mystik, deren Unmittelbarkeit auch ausdrücklich gesichtet wird (nn. 329, 336), aber so, daß von der mystischen Unmittelbarkeit des Ineinanderschlagens von göttlicher und menschlicher Erfahrung (oder Schau) und von göttlichem und menschlichem Wollen nur das zweite Moment als allgemein verpflichtendes Paradigma jedem berufenen Christen vorgestellt wird. Während die Unmittelbarkeit der Erfahrung oder Schau den gratiae gratis datae zugehört und daher weder erstrebt werden soll noch eingeübt werden kann, ist die volitive Unmittelbarkeit jedem Glaubenden mit der Gnade Gottes erreichbar, sofern in dieser Ekstase des Willens nichts anderes erfordert ist als die Preisgabe aller Selbstverfügung in den rufenden und erwählenden Willen Gottes hinein (n. 234).

Christlicher Stand, 402-403

Geistliche «Dürre»

[Zu handeln ist noch] von dem, was Trockenheit, Dürre, Trostlosigkeit in der Meditation genannt wird. Der Betrachtende steht vor einem Text, der lauter Buchstabe ist und sich zu keinem geistigen Innenraum, vielleicht nicht einmal zu einer lebendigen Präsenz hin öffnet, «wobei sich die Seele ganz träg, lau, traurig findet, und wie getrennt von ihrem Schöpfer und Herrn» (n. 317). Kann hier von einem Schweigen des Wortes gesprochen werden? In einem Sinn ja, denn dieses scheint sich nicht von sich selbst her erschließen zu wollen.

Dieser Zustand kann, wie man uns belehrt, mehrere Gründe haben: eigene Schuld, «weil wir lau, träg oder nachlässig in unsern geistlichen Übungen sind», oder Ansporn von seiten des Herrn, ob wir uns auch ohne seine fühlbare Hilfe um das Eindringen in seine Tiefe bemühen, oder endlich die uns zugemutete existentielle Erfahrung, daß der Einlaß in diese Tiefe nicht durch eigene Anstrengung erzwungen werden kann, sondern «ganz eine Gabe und Gnade Gottes, unseres Herrn ist» und wir «unsern Geist nicht in einer Art Stolz oder eitlem Ruhm aufblähen dürfen», durch eigene Kraft auf diese oder jene «Gebetsstufe» emporgeklommen zu sein (n. 322). Klopfen dürfen und sollen wir, aber unserem Klopfen nicht die magische Kraft zuschreiben, daß ihm das Aufgefangenwerden notwendig entspricht. Das scheinbare Schweigen des Wortes ist in jedem der drei Aspekte intensive Belehrung. «Selig, die nicht sehen und doch glauben» – und glauben in einer auch ungefühlten «unsäglichen, verklärten Freude» (1 Petr 1,8), deren «Verklärung» aber beim Herrn liegt, und auf die wir jetzt verzichten.

Hier weicht christliche Meditation erheblich von jeder nicht-christlichen Meditationstechnik ab, die von ihrem Standpunkt aus mit Recht auf ein bestimmtes Erfahrungsziel hin arbeitet, das früher oder später erreichbar sein muß, und nicht mit der Freiwilligkeit des sich von innen her erschließenden Gnadenraumes des Wortes zählt. Außerdem ist der Weg der Fühllosigkeit – jetzt abgesehen von den Folgen unserer eigenen Nachlässigkeiten – ein Weg der Nachfolge in die Passionszustände des Wortes selbst, das sich am Kreuz «wie getrennt von seinem Schöpfer und Gott» (n. 317), vom ewigen sprechenden Vater gefühlt hat: und dies auf dem Höhepunkt der Selbstaussage des sich seiner Welt erbarmenden Vaters, der stumm seinem verlorenen Sohn «entgegeneilt, ihm um den Hals fällt und ihn küßt» (Lk 15,20). Das ist Wort jenseits aller Worte, ausgesagt im Verlassenheitsschrei «Mein Gott, warum hast du mich verlassen?» (Mt 27,46 par).

So kann, was in der Meditation als Dürre, sogar als Dunkle Nacht erlebt wird, in der Verborgenheit gleichzeitig und in Wahrheit hellstes Scheinen der Liebe sein. Aber diese Liebe muß sich verbergen in der Nacktheit des Glaubens (vgl. n. 320), dem einzigen, was Jesus, dem alles Äußere und Innere geraubt worden ist, nicht verlieren kann. Damit wird endgültig bestätigt, daß in christlicher Meditation jedes Schweigen ein bedeutendes ist. Oder anders gesagt: daß dort, wo wir im irdischen Sinn Wortlosigkeit empfinden, sich die über-aussprechlichen Sphären des Wortes und Sinnes öffnen.

Christlich meditieren, 42-44

Einstieg in die Betrachtung und ihr Vollzug

Vorbereitungsgebet und Erbitten einer Gnade

Die «Vorbereitung» des Kindes ist ein Sprung in die Arme des Vaters, wobei die Liebe des Vaters, das heißt der Wille und das Anliegen Gottes von selbst das Übergewicht über alles Eigene erhält, das immer schon, ob wir wollen oder nicht, bei Gott erkannt und bedacht und in seine Pläne eingeordnet ist.

Wenn somit das Vorbereitungsgebet «von Gott unserem Herrn die Gnade erbittet, daß alle meine Absichten, Handlungen und Beschäftigungen» in dieser Meditation «rein auf den Dienst und die Verherrlichung seiner göttlichen Majestät hingeordnet seien» (n. 46), so ist diese Bitte nicht aus einer fremden Distanz her gesprochen, sondern soll der Sprung des Kindes an des Vaters Herz sein, das immer Recht hat und die selbstverständliche Norm alles Tuns und Lassens des Kindes ist. Damit ist auch ausgedrückt, daß die Zubereitung unseres Herzens keine berechnende sein darf, durch die Meditation auf *unsere* Rechnung und zu *unserem* Vorteil zu gelangen, sondern gerade im Fahrenlassen jedes Eigenwillens in den Grund der göttlichen selbstlosen Liebe hinein besteht. (So wird ein Priester seine Predigt nicht in seiner eigentlichen Meditation vorbereiten, die absichtslos sein muß, obschon er natürlich bei der Predigtvorbereitung wiederum eines eigenen betrachtenden Gebetes bedarf.)

Aber diese Überlassung an die Verfügung Gottes gerade auch in der bevorstehenden Meditation schließt wie von selbst die Bitte (n. 48) ein, daß sich durch Gottes Gabe der mir zugedachte Sinn des zugesprochenen Wortes erschließe. Das Wort Gottes ist wie ein Sakrament, das zwar von sich her wirkt, was es aussagt und bedeutet, aber dafür als Same auf ein bereites, gelockertes Erdreich fallen muß. In der Bitte liegt die Demut, die nicht meint, sich selber Zugang zu den Tiefen Gottes erzwingen zu können, was den Vorsatz nicht hindert, sich um den mir aufgesparten Gehalt ernsthaft zu bemühen. Für den schlicht Glaubenden liegt hier nicht einmal eine Spannung vor: er weiß, daß er, in der Nachfolge Christi, sich um die Verwirklichung des Willens Gottes bemühen muß; es fliegen ihm im Gebet keine gebratene Tauben in den Mund. Und er weiß zugleich, daß alles «Frühaufstehen», alles «Wachen» und «Bauen» umsonst bleibt, wenn Gott den Erfolg nicht umsonst gibt (Ps 127). Die Bitte geht nicht in eine formlose Leere; ohne etwas vorwegnehmen zu wollen, geht sie auf den Willen Gottes zu, der hier und jetzt in dieser Meditation mir eine bestimmte Gabe zueignen will: *Das* möchte ich von Dir, was *Du* mir zu zeigen und zu schenken vorhast.

Christlich meditieren, 19-21, 91 Anm. 2

Meditation

Es gibt für die «Meditation» mehr abstrakter Glaubenswahrheiten die Anweisung der Exerzitien, uns zuerst den Gegenstand, den wir im Gedächtnis haben, zu vergegenwärtigen, ihn dann mit unserem Verstand zu durchleuchten [...], um dann das Gefundene mit unserem Willen auf unser eigenes Verhalten anzuwenden (n. 50).

Christlich meditieren, 31

Durchgliederung der Betrachtungszeit?

Eine Gruppe von Ratschlägen für den Betrachter im Exerzitienbuch betrifft die Durchgliederung der Kontemplationszeit. Gerade hier aber zeigt sich, daß die Freiheit des Gotteskindes das oberste Gesetz ist. Es gibt keine Durchgliederung, die sich als notwendig oder auch nur als «angemessen» aufdrängen könnte; allerhöchstens können ein paar unverbindliche Vorschläge hingereicht werden. Und auch diese können sich nur so lange als nützlich anbieten, als das Gesetz der Betrachtung: der freie Geist Gottes, der den Betrachtenden in der Freiheit führt, davon nicht gehemmt wird. Anders als so hat die «Gebetsmethode» des hl. Ignatius ihre Dienste nie anbieten wollen.

Die drei Punkte (vgl. n. 261 usw.), in die der Betrachtungsstoff geteilt wird, haben nur den Sinn, dem Beter die Begegnung mit dem Text zu erleichtern; nicht das Ganze soll ihn als ein Übergroßes, Nichtzubewältigendes überfallen, die Fülle soll sich als ein Weg darbieten, den man beschreiten kann. Aber sobald dieser Weg dem Betenden zur Fülle wird, ein Aussichtspunkt zur Ruhe und zum Verweilen einladet, zieht Ignatius selber sein Gerüst wieder ein und stellt das Gesetz der Freiheit allen andern voran. Nie soll im Gebet ein Programm durchgeführt, ein Pensum aufgearbeitet werden. Sobald das Wort Gottes mich trifft, muß ich alles liegen lassen und nachfolgen. Sobald mir die Flügel wachsen und ich mich vom Erdboden erhebe, gelten die Gesetze der Luft und des Geistes. Und nichts kann dort versäumt werden, wo mir die Fülle Gottes in der Fülle des Wortes begegnet.

Noch fragiler sind Gliederungen wie die der ignatianischen «contemplatio» (nn. 106ff.): die Szene des Evangeliums und die darin auftretenden Personen zuerst «sehen», dann «hören», dann ihr «Tun» (nn. 106-108) betrachten. Oder, mehr vom Betrachter selbst her, für die «meditatio» (nn. 45ff.): zuerst im «Gedächtnis» den objektiven Vorgang sich vergegenwärtigen, dann mit dem «Verstand» dessen Inhalt erschließen, zuletzt mit dem «Willen» und «Affekt» das Erschlossene umfangen, sich aneignen und ins eigene Leben einbauen (nn. 50-52).

Allerdings ist es nicht schwer, solchen Schemata einen gewissen allgemeingültigen, anthropologischen und theologischen Sinn abzugewinnen: Memoria – Intellectus – Voluntas ist für Augustinus das dreifaltige Wesen des geschaffenen Geistes, Bild der ewigen Dreifaltigkeit, so daß, wer nach dieser Ordnung vorginge, letztlich nur dem Grundgesetz des eigenen Seins entspräche, und zwar gerade sofern es zu Gott hingewendet und aufgeschlossen ist (vgl. Przywara, I 176ff.). Etwas Ähnliches gilt für das andere Schema, da in der Abfolge von Schauen-Hören-Tun die vorschreitende Verlebendigung der göttlichen auf mich zukommenden Offenbarung zum Ausdruck kommt: der Schau entspricht ein «Bild», ein «Gegen-Stand», vom Auge abgerückt. Dem «Hören» aber ein aus dem Bild auf mich zukommender Ton, den nicht mehr ich treffe und übersehe, der mich getroffen und mich, der ich mich vor dem Schall nicht schützen kann, in seiner Macht hat. Und dieser Ton ist zuletzt ein Tun, ein Handeln von Gott her, das fordernd und begnadend mich ergreift und verwandelt.

So sind die Schemata viel weniger äußerlich, als es zuerst den Anschein hatte. Dennoch bleiben sie, sofern sie die Betrachtungszeit als ganze durchformen wollten (etwa eine Viertelstunde «Sehen», die zweite Viertelstunde «Hören», die letzte das «Tun» betrachten), ganz und gar provisorisch auf die Freiheit hin. Diese Freiheit ist nicht der Grenzfall, das Überschwengliche, sie ist das Normale. Pauli ganze Freiheitslehre muß hier auf das Gebet angewendet werden (Gal 5; Röm 8). Die Liebe kennt kein anderes Gesetz als sich selbst, vorausgesetzt, daß sie es wirklich ist und ihre Freiheit nicht als ein «Freibrief für fleischliche Gelüste mißbraucht» wird.

Gerade deshalb wird aber die Freiheit auch nicht gierig auf sich selber aus sein, sondern sich demütig und freudig jeder angebotenen, vernünftigen Hilfe, die *wirklich* hilft, hingeben und sich ihrer so lange bedienen, als sie dadurch *wirklich* gefördert wird. Beinah das Normale, Alltägliche, zumal bei Anfängern, wird es sein, daß man nach irgendeiner zusagenden Methode beginnt, dann sich davon löst und in die persönliche Begegnung und Erkundung hineinwagt, um im Augenblick, wo der eigene Schwung erlahmt und man ermüdet und ins Leere gerät, wieder nach dem Geländer zu greifen. Von wo bin ich ausgegangen? Wie war der Zusammenhang? Aber manche Betrachtung kehrt nie mehr zu ihrem Ausgangspunkt zurück, wie ein Projektil, das aus der Erdanziehung in den Raum hinausgerät.

Die Schemata weisen noch auf etwas hin, das zur ersten Gruppe von Ratschlägen zurückbiegt: die Kurve der Betrachtung ist Kurve der Liebe. Die Betrachtung darf nicht im Intellectus steckenbleiben (n. 3): im Zerlegen von Aspekten, im Herausdividieren verborgenen Sinnes, denn «die Gnosis bläht auf, während die Liebe erbaut». Durch alles Sehen und Hören hindurch muß es zum «Tasten» kommen (1 Joh 1,1), zur «Berührung» Gottes (n. 20), zum Ergriffenwerden von dem, was die göttlichen Personen «tun» (n. 108). Allerdings wird die Flamme der Liebe normalerweise aus dem Holz der Erkenntnis herausschlagen, und oft um so gewaltiger, je tiefer und existentieller die Erkenntnis war. Aber nicht unter diesem Vorwand so lange beim Intellektuellen verweilen, daß die Liebe zu kurz kommt, daß gar die Grundhaltung der Adoratio schwindet, weil man ins Grübeln und in den Rauch der Gnosis geriet!

Das betrachtende Gebet, 118-120

Betrachtung im Vollzug

Weisungen zum Vollzug der Betrachtung sind in der Literatur spärlich. Sie überspringen meist das entscheidende Mittelstück, befassen sich breit mit dem Einstieg, den verschiedenen vorbereitenden Akten, und dann wieder mit der Endphase, wo von erworbener und eingegossener Beschauung und ihrer gegenseitigen Abgrenzung gehandelt wird. Es gibt für die «Meditation» mehr abstrakter Glaubenswahrheiten die Anweisung der Exerzitien, uns zuerst den Gegenstand, den wir im Gedächtnis haben, zu vergegenwärtigen, ihn dann mit unserem Verstand zu durchleuchten (aber wie das zu geschehen hat, wird selten erklärt), um dann das Gefundene mit unserem Willen auf unser eigenes Verhalten anzuwenden (n. 50). Sieht man aber näher zu, so liegt in der vorbereitenden Weisung für die «Kontemplation» (n. 47), uns lebendig in die zu betrachtende Szene hineinzuversetzen, schon mehr als ein bloßer Einstieg, vielmehr etwas, das den Vollzug der Betrachtung im ganzen mitbestimmt. [...], nun gilt es, zum Mittelpunkt vorzudringen. Betrachten wir ein Wort oder eine Szene des Evangeliums, so betrachten wir keinen Text, sondern den, von dem der Text handelt und auf den dieser verweist: die Person Jesu Christi. Das bedeutet mehr als das vorhin Gesagte: daß der Geist die Szene über Jahrtausende hinweg für uns gegenwärtig setzt, es heißt vielmehr, daß Jesus Christus anläßlich dieses Textes sich uns als der Gegenwärtige, uns Zugewendete darbietet, und zwar durch diesen sprechenden Text, dieses genaue von ihm gesprochene Wort oder Wunder hindurch. Also nicht bloß aufgrund einer allgemeinen Allgegenwart Gottes, sondern der sich gerade in diesem Wort, dieser Gebärde oder diesem Verhalten konkretisierten Gegenwart. Die Wende vom vorliegenden Buchstaben nicht zum Geist, sondern zum lebendigen Herrn scheint für manche schwierig, obschon sie im Grunde das Einfachste ist. Ich stehe vor meinem Herrn, und er wendet sich persönlich mir zu. Die Zuwendung ist er selbst, sofern er das Wort ist, das Wort des Vaters in all seinen menschlichen Formen, ob es Sprechen ist oder Schweigen, Jubel zum Vater oder Tränen über Jerusalem, Warnung oder Tröstung, demütige oder herrscherliche Gebärde. Wort ist er auf jeden Fall. Und Wort jetzt gerade an mich.

Christlich meditieren, 31-32

Zwiegespräch mit dem Gekreuzigten

«Leidenschaft» [...], existentielle Entschlossenheit, sein Dasein in den zentralen Punkt der Christologie einzusenken, Gal 2,19-20, in einer «Dankbarkeit», die schon immer «zu spät» kommt, weil der Selbstübergabe an Christus das Übernommensein durch ihn schon vorangeht: dies ist [...] der Hauptgegenstand der ignatianischen Gebetsdialoge mit dem Gekreuzigten in den Exerzitien (nn. 53, 61, 147, 198, 199 usf.).

Pneuma und Institution, 160-161

ANWENDUNG DER SINNE

Vorbereitende Übungen

Es ist bekannt, daß Ignatius darin – jeweils am Abend eines Betrachtungstages – den Exerzitanten eine «Anwendung der Sinne» (nn. 21, 133, 227; vgl. DSp I) über das betrachtete Glaubensgeheimnis anstellen läßt (vgl. Olphe-Gaillard, Maréchal, H. Rahner). Diese Gebetsart vollendet im Zusammenhang der Exerzitien zweierlei.

Einmal eine mehr beiläufig erwähnte Betrachtung nicht mit den Sinnen, sondern über die Sinne (n. 247): «Will jemand im Gebrauch seiner Sinne Christus unsern Herrn nachahmen, so empfehle er sich Seiner göttlichen Majestät und betrachte jeden einzelnen Sinn, desgleichen wer im Gebrauch seiner Sinne unsere Herrin nachahmen will» (n. 248). Die Übung geht zuletzt über in Gebet zu Gott und zu Maria, diese Angleichung gnädig zu vermitteln. Für Ignatius gehört sie ausdrücklich zu den vorbereitenden Übungen, die «Form, Art und Ausübung» des Betens erarbeiten sollen, und nicht sosehr zum Gebet selbst (n. 238), sie ist Einübung dazu, «unsere Sinne zu gebrauchen in Abbildlichkeit zu den Sinnen des neuen Adam und der neuen Eva, ... Übergabe in die Ordnung der Menschwerdung», «in Zusammenhang mit der Art, wie in der 5. Übung der Ersten Woche (nn. 65-71) unsere Sinne durchs Feuer der Hölle gehen sollen, und in der 5. Übung des 1. Tages der Zweiten Woche (nn. 121-126) neugeboren werden hinein in die ‹unendliche Süßigkeit und Milde der Gottheit› (n. 124)» (Przywara, I 176).

Zweitens vollendet sie die jeder Betrachtung vorausgehende «Zurichtung des Ortes» (compositio loci n. 47), das heißt die sinnliche, einbildungshafte Veranschaulichung des zu betrachtenden Geheimnisses, sei es einer konkreten Szene aus dem Leben Jesu (dann wird man sich den örtlichen Rahmen des Vorgangs umrißhaft vorstellen, die Episode selbst, nachdem man sie gelesen hat, konkret vergegenwärtigen, die Personen anschauen, sie reden hören und in ihrem Handeln verfolgen), sei es einer mehr abstrakt allgemeinen Wahrheit, wie zum Beispiel der Zustand (katastasis!) des Sünderseins (dann hat nichtsdestoweniger die «Schau der Einbildung» ins Werk zu treten und sich etwa zu vergegenwärtigen, «wie meine Seele eingekerkert ist in diesem sterblichen Leib, und der ganze Mensch in diesem Erdental wie verbannt unter unvernünftigen Tieren» n. 47). Nahe bei dieser phantasiemäßigen Einstellung auf den Heilsgegenstand steht die schon früher erwähnte stimmungsmäßige Einstellung, ein Sich-Einstimmen mit allen auch sinnlichen Gemütskräften auf die besondere Stimmungslage des Betrachtungsgegenstandes. Dieses bewußte und aktive Sich-Einstimmen (nn. 74, 78-80, 130) hat sein passives Gegenstück in der zweiten Betrachtungsvorbereitung, der Bitte um die besondere Gnade für *diese* Betrachtung, wozu auch das Eingestimmtwerden durch Gott selbst gehört: «Handelt die Betrachtung von der Auferstehung, dann ist Freude mit dem sich freuenden Christus zu erbitten; handelt sie von Leiden, so sind Leiden, Tränen und Folter mit dem gequälten Christus zu erbitten» (n. 48). Damit ist schon die gewöhnliche Betrachtung nicht nur ein äußeres, einbildungshaftes Zuschauen und Dabeisein, ja Mitspielen (beim Weihnachtsgeheimnis: «Ich mache mich, als ob ich dabei gegenwärtig wäre, zu einem wertlosen Knechtlein, das sie [die heiligen Personen] anstaunt und betrachtet und in ihren Nöten bedient, mit der größtmöglichen Ergebenheit und Ehrfurcht» n. 114), sondern unbedingt schon ein inneres Mitvollziehen bis in die sinnliche Gestimmtheit hinein des objektiven Heilsgeheimnisses, das seine exemplarische subjektive Gestimmtheit in den heiligen Personen, vorab im Sohn Gottes und seiner Mutter hat.

H I, 360-362

Realisieren mit allen fünf Sinnen

Die «Anwendung der Sinne» hat, wie schon gesagt, als letzte Übung eines Tages zu geschehen, der mit mehr diskursiven Betrachtungen begann, dann in den Wiederholungsbetrachtungen jene Punkte im Stoff auswählte und verweilend heraushob, «bei welchen ich größere Tröstung oder Trostlosigkeit verspürte oder größeres Fühlen im (Heiligen) Geiste» (n. 62). Dieses erfahrende «Fühlen» *(sentir)* des Glaubensgeheimnisses ist für Ignatius das, worauf es in allem ankommt, «denn nicht Vielwissen sättigt die Seele und gibt ihr Genüge, sondern das Erfühlen und Kosten der Dinge von innen» (n. 2; vgl. Pinard). Auf das Realisieren ist alles angelegt, und da das zu Realisierende objektiv eine Welt- und Leibgestalt Gottes ist, kann es nicht anders – auch und gerade in seiner Vollendung – nachvollzogen werden als gesamtmenschlich, in der Begegnung des leibhaftigen Sünders und Begnadeten mit dem leibhaftig menschgewordenen Gott. In der Ersten Woche ist zunächst die im ganzen Menschen realgewordene Sündengegenwart (die Hölle) zu realisieren mit allen fünf Sinnen: «Ich schaue mit den Augen der Einbildungskraft die Feuerglut. Ich höre mit den Ohren das Weinen und Heulen und Schreien. Ich rieche mit dem Geruchssinn Rauch, Schwefel, Unrat und faulende Dinge. Ich koste mit dem Geschmackssinn bittere Dinge, wie Tränen, Traurigkeit und den Wurm des Gewissens. Ich fühle mit dem Tastsinn, wie die Feuersglut die Seelen erfaßt» (nn. 66-70). Entsprechend am Ende des ersten Tages der Zweiten Woche, der die Menschwerdung zum Inhalt hatte: «Man schaue mit den Augen der Einbildungskraft die Personen.

Man vernehme mit dem Gehör, was sie reden oder reden können. Man rieche und koste mit dem Geruchssinn und dem Geschmackssinn die unendliche Süßigkeit und Lieblichkeit der Gottheit. Man berühre mit dem Tastsinn umfangend und küssend den Ort, wo diese Personen ihren Fuß hinsetzen und wo sie ruhen» (nn. 122-125).

H I, 362-363

Zwei Deutungsstränge

Man sieht auf den ersten Blick, daß in dieser «Anwendung der Sinne» ein hinzunehmendes Faktum ohne theoretische Begründung gesetzt ist: diese Sinnlichkeit hat sich umfangsgemäß zu erstrecken von der Konkretheit der schlichten evangelischen Geschehnisse bis zur Konkretwerdung der erfahrenen Gottheit: negativ in der verzehrenden Trauer (vgl. n. 69) und dem innern Wurmfraß ihrer Abwesenheit, positiv in ihrer Anwesenheit als Süße und Duft (vgl. n. 124).

Vor diese Tatsache sahen sich die Ausleger gestellt, und es ist nicht verwunderlich, daß sie in zwei entgegengesetzten Richtungen auseinandergingen. Die erste, von den Zeitgenossen und Vertrauten des Heiligen, die ihn als den großen Mystiker kannten, eingeleitet, interpretierte die «Anwendung der Sinne» zu Bonaventura hin, also mystisch. So will Juan de Polanco sie ausgelegt wissen: Anfänger mögen sie mit den gewöhnlichen «Sinnen der Einbildungskraft» ausüben, «aber man kann sie auch verstehen von den geistlichen Sinnen der höheren Vernunft», und so werden die Erfahrenen sie vollziehen (Dir. 300-301). Zur Erläuterung zieht Polanco das Itinerarium Bonaventuras heran und rekapituliert im einzelnen dessen Lehre (Dir. 302-303). Ähnlich Jeronimo Nadal (MHSJ, Bd. 27, 677-678). Achille Gagliardi in seinem bekannten Exerzitienkommentar hält die Anwendung der Sinne für eine höhere Gebetsart als die diskursive Betrachtung, weil sie per quemdam quasi intuitum illius [materiae] tamquam praesentis vor sich gehe (Comm. in Ex., 2,2). Auf die Vergegenwärtigung legt Gagliardi den Ton: est modus simillimus ipsimet reali praesentiae per sensus externos. Zugleich aber unterstreicht er, daß diese Art der Vergegenwärtigung die ernste gedankliche Überlegung voraussetze und vor allem die Liebe, die der innersten Kenntnis entgegendrängt und als solche die Kraft hat, rem quasi praesentem facere (ebd. 23/24).

Das offizielle Directorium, das General Acquaviva 1599 herausgab, ging in der entgegengesetzten Richtung. Die «Anwendung der Sinne» ist eine entspannende Übung für den Abend, sie ist leicht, besonders für Phantasiebegabte. Aber sie bedeutet dabei zugleich eine «langsame Einstimmung» zu höherer Gebetsart. Es gilt auch das Umgekehrte: «Wenn die Seele in der Erkenntnis der höheren Dinge schon gesättigt ist und in Frömmigkeit glüht, steigt sie gern ab in die sinnenhaft erkennbaren Dinge und findet darin ihre Nahrung ..., da selbst das Geringste sie anregt zu Liebe und Tröstung» (Dir. 681, Nr. 157). Ähnlich in neuerer Zeit wieder General Roothaan (Versio litteralis, 2. Woche, 5. Betrachtung, n. 29).

H I, 363-364

Zum Problem der geistlichen Sinne

Der offiziellen Deutung von Acquaviva ist ein gewisses historisches Recht deshalb nicht abzusprechen, weil Ignatius zweifellos nicht aus Bonaventura geschöpft hat, sich aber, wie er selber erzählt (Bericht, 5), in das «Leben Christi» des deutschen Kartäusers Ludolf von Sachsen vertiefte, bei dem er folgendes fand:

«Wenn du aus diesen Meditationen Gewinn ziehen willst, dann setze alle Sorgen und Kümmernisse still beiseite. Mache dir mit dem Gemüte des Herzens liebend und besinnlich alles, was der Herr Jesus gesagt und getan hat, so gegenwärtig, als wenn du es mit deinen eigenen Ohren hörtest und mit deinen Augen schautest. Dann wird das alles süß, weil du es mit Sehnsucht bedenkst und noch vielmehr kostest. Und wenn es auch in der Form der Vergangenheit erzählt wird, so betrachte du alles wie heute gegenwärtig... Geh ins Heilige Land, küsse mit brennendem Geist die Erde, auf der der gute Jesus stand. Mache dir gegenwärtig, wie er sprach und umging mit seinen Jüngern, mit den Sündern; wie er spricht und predigt, wie er geht und ruht, schläft und wacht, ißt und Wunder wirkt. Umschreibe dir in deinem Herzen sein Verhalten und sein Tun» (Vita Jesu Christi, Prœmium Nr. 11-12).

Nun ist dieser Text bei Ludolf ein Zitat aus den Meditationes Vitae Christi, die unter dem Namen Bonaventuras umgingen, und in der Tat eine mittelalterliche naive und gemütstiefe Beschauungsart widerspiegeln, die seit Bernhard und Franz immer geläufiger wurde und in Bonaventuras kleinen Geistlichen Schriften gerne geübt wird. Ohne daß hier ausdrücklich von «geistlichen Sinnen» gesprochen wird, wird mit den leiblichen Sinnen und der Einbildungskraft etwas Geistliches getrieben, das deutlich auf Gegenwärtigung ausgeht, wenn auch auf bescheidenerer Stufe als das eigentlich mystische Erfahren.

Damit ist auch für Ignatius und, rückblickend von ihm, für Bonaventura und das Mittelalter das wahre Problem der geistlichen Sinne gestellt: in der Ignatiusauslegung zunächst als ein Entweder-Oder zwischen leiblichen Sinnen und mystischer Sinnlichkeit, die aber doch beide eingeschlossen zu sein scheinen und sicher im Verfasser der Exerzitien beide lebendig waren, ohne sich gegenseitig zu verdrängen oder zu gefährden. Etwas ähnliches gilt für Bonaventura und hatte [...] auch für Origenes gegolten.

Radikale Einheitsmystik muß den «geistlichen Sinnen» fremd sein, aber sie ist ja doch dem Christlichen als solchem fremd. Geistliche Sinne im christlich-mystischen Sinn setzen fromme leibliche Sinne voraus, die der Verchristlichung – in der Angleichung an die Sinnlichkeit Christi und Mariä – fähig sind.

H I, 364-365

Geisthafte Dimension der Anwendung der Sinne

Katholische Christologie kann nie in eine bloße «Theologie des Wortes» zurückverwandelt werden; eine solche kann bestenfalls Hinführung sein zu einer Meditation des Menschgewordenen, bei dessen Anschauung die fleischlichen Sinne sich insgesamt in geistliche Fassungsvermögen verwandeln: So endet der Meditationsprozeß in den ignatianischen Geistlichen Übungen bei einer Anwendung der Sinne (*applicatio sensuum*), entsprechend der geheimnisvollen paulinischen Aussage: «Wir alle, die wir unverhüllten Angesichts die Herrlichkeit des Herrn betrachtend, sie widerspiegeln, werden in das gleiche immer herrlichere Bild verwandelt, wie es vom Herrn her geschieht, welcher Pneuma ist» (2 Kor 3,18). Hier ist die maßgebende Ein-Bildungs-Kraft auf den Gegenstand, den betrachteten Herrn bezogen, der uns sein Bild einprägt, aber nicht ohne daß wir aus unserer eigenen geistig-sinnlichen Mitte schöpferisch empfangend zu jeder Ein-Bildung bereit wären.

[...] Der Mensch ist Einheit von Seele und Leib, und alle seine sinnlichen Vermögen sind – nach dem Aquinaten – von der einen und einzigen Geistseele getragen, sie haben also *in sich selbst* eine geistliche Dimension, sogar eine gnadenhafte, wenn der Mensch von der Gnade und den Gaben des Heiligen Geistes erfaßt worden ist. Gustav Siewerth hat oft auf diese geisthafte Dimension menschlicher Sinnlichkeit hingewiesen und damit dem platonisierenden Übersteigenwollen der sinnlichen Erfahrung gewehrt. *In* Christus, nicht von ihm abstrahierend, soll der Glaubende den Vater sehen. In ihm bildet Gott sich endgültig dem Menschen ein. Und der Glaubende soll sich in einem sowohl aktiven wie passiven Akt von dieser Ein-Bildung Gottes in das menschliche Gottesbild einnehmen lassen. Das allein ist der gültige Sinn der ignatianischen «Anwendung der fünf Sinne».

Homo creatus est, 54-55

Gleichgewicht

Sehnsucht nach der Seligkeit – irdischer Auftrag

Das Bedenkliche an der Sehnsucht nach dem ewigen Leben ist, daß sie sich (schon bei Gregor von Nyssa und Ambrosius) stoisch-neuplatonischer Wendungen bediente, um etwas unzweifelhaft echt Christliches auszudrücken, daß jedoch im Mittelalter eine gefährliche Kontamination zwischen den beiden Gedanken- und Sprachwelten eintrat, dort, wo als höchste Stufe christlicher Liebe so etwas wie «mystischer Tod» angesetzt und sogar angestrebt wurde, wobei *mors mystica* nun nicht mehr wie bei Ambrosius sakramental, sondern experimentell im Sinn einer Liebesekstase aus sich heraus verstanden wurde. [...]

Nicht einzusehen ist, weshalb das Existential christlichen Lebens, das bei Paulus und den Vätern sachlichen, unmystischen Ausdruck findet (vgl. Phil 1,23f.), mit einer Lehre psychologischer («mystischer») Erfahrungsstufen gekoppelt werden soll, wobei das paulinische Gegengewicht, nämlich die größere Dringlichkeit der Durchführung des irdischen Auftrags, einfach dahinfällt. Ignatius hat dieses Gleichgewicht energisch wiederhergestellt, wenn er sagte, trotz seiner Sehnsucht nach dem Himmel würde er lieber bis zum Ende der Welt im Auftrag Christi auf Erden arbeiten, sogar wenn seine eigene Seligkeit dabei ungewiß bliebe.

TD IV, 307-308

Anbetende und liebende Verherrlichung

Was Gott in Christo dem Menschen sagen will, [...] ist unbedingt theo-logisch, besser theo-pragmatisch: Tat Gottes auf den Menschen zu, Tat, die sich selber vor dem Menschen und für ihn (und so erst an ihm und in ihm) auslegt. [...] Glaubhaft ist sie nur als Liebe: gemeint ist Gottes eigene Liebe, deren Erscheinung die der Herrlichkeit Gottes ist. Christliches Selbstverständnis [...] ist weder auf ein das religiöse Weltwissen überhöhendes Weisheitswissen durch göttliche Kundgabe auslegbar (ad majorem gnosim rerum divinarum), noch auf den durch Offenbarung und Erlösung endgüldig zu sich selbst kommenden persönlichen und sozialen Menschen (ad majorem hominis perfectionem et progressum generis humani) sondern einzig auf die Selbstverherrlichung der göttlichen Liebe: ad majorem Divini Amoris GLORIAM. [...]

Gebet, kirchliches wie persönliches, ist somit aller Aktion vorgeordnet: keineswegs primär als psychologische Kraftquelle («tanken gehn», sagen die Heutigen), sondern als die der Liebe gebührende Tat anbetender Verherrlichung, in welcher sich ursprünglich der Versuch einer antwortenden Selbstlosigkeit und damit eines Verstandenhabens der göttlichen Kundgabe darstellt. [...] In allem «Preis der Herrlichkeit Gottes» sein (Eph 1,6), damit «Gott in allem verherrlicht werde» (Benedikt), «alles zu seiner je größern Verherrlichung» geschehe (Ignatius). Diese Verherrlichung geschieht insoweit, als menschliches Tun, von Liebe her inspiriert, auf Liebe hin tendiert.

Glaubhaft ist nur Liebe, 5-6, 73-74

Loben im Geist Mechthilds von Hackeborn

In der Schule benediktinischer Prägung entfaltet sich bei Mechthild von Hackeborn in einem klassischen Gleichgewicht der Sinn für zwei Dinge: für das objektive Lob Gottes, die gemeinsame Liturgie in der Kirche, und für persönliches Betrachten und Leiden in der Zelle, was aber für sie immer nur die selbstverständliche, unbetonte Ergänzung des kirchlichen Lobgebets war: Wahrheit der Laus Dei in der innersten Existenz. Vielleicht hat zwischen Benedikt und Ignatius niemand so ausschließlich und folgerichtig den Gedanken des Gotteslobes als Sinn christlichen Daseins verstanden.

Mechthild von Hackeborn, 9

Der zugleich liturgische und personale Sinn der Betrachtung

Gerade jene Christen [...], die von der praktischen Ausgestaltung der Messe nicht durchaus befriediegt sind, weil sie nicht zu dem in ihr liegenden Anspruch und Nutzen zu gelangen behaupten, sind ebendadurch verpflichtet, das Fehlende in der privaten Betrachtung nachzuholen und zu ergänzen, und zwar im Anschluß an den Geist der kirchlichen Liturgie. In der Meßgemeinschaft kann der Einzelne nur selten zu einer ihn voll erfüllenden Begegnung mit dem Worte gelangen; es muß auf die Menge und ihre Fassungskraft Rücksicht genommen werden, oder der Prediger entspricht nicht, oder die Sprache, in der der Text geboten wird, ist nicht mehr die unsre, oder das Wort huscht zu rasch vorbei und kann nicht in das gute Erdreich der Seele eingesämt werden.

Und doch ist der Akt des vollen, gehorsamen Hörens notwendig, gerade auch als Reinigung und Vorbereitung auf die heilige Kommunion («ihr seid rein auf Grund des Wortes, das ich zu euch gesprochen habe» Joh 15,3,

«Per evangelica dicta deleantur nostra delicta»). Es ist notwendig also gerade als liturgischer Akt, das heißt als ein gottesdienstlicher Akt der Gesamtkirche. Deshalb ist es nicht statthaft, diesen Akt, der nur ein personaler sein kann und der *als* personaler den sakramentalen Akt der heiligen Kommunion vorbereitet und grundlegt, seinerseits zu sakramentalisieren, ihm eine Art Wirkung ex opere operato zuzuschreiben, den er nicht haben kann und nicht haben will. Nein, die Kirche, die urbildlich in Maria dem Wort Gottes begegnet ist, trägt diese personale Begegnung in ihrem Innersten; sie ist unüberholbar und muß immer wieder neu aktuell werden in allen Gliedern des mystischen bräutlichen Leibes.

Das Vorbereitungsgebet, das Ignatius jeder Betrachtung vorausschickt: «Die Gnade erbitten, daß alle meine Absichten, Handlungen und Beschäftigungen rein im Dienst und in der Verherrlichung Seiner Göttlichen Majestät geordnet seien» (n. 46), zeigt deutlich diesen zugleich liturgischen und personalen Zweck und Sinn der Betrachtung: Gottesdienst und nichts anderes zu sein.

Die großen Gebetsszenen der Apokalypse reihen sich hier an; sie legen den Blick frei in eine himmlische und ewige Liturgie, die in nichts anderem mehr besteht als in der Anbetung und der Verherrlichung des Wortes und Lammes auf dem Thron, wobei Einsamkeit und Gemeinschaft zusammenfallen, aber auch das sakramentale Essen und Trinken von Fleisch und Blut auf- und zurückgenommen scheint in die voll erfüllte «Wortkommunion». Ein Tempel wird nicht mehr gesehen, «denn Gott der Herr der Allmächtige und das Lamm ist ihr Tempel» (Offb 21,22). «Der Thron Gottes und des Lammes ist in ihr, und seine Knechte beten ihn an. Sie schauen sein Angesicht und tragen seinen Namen an der Stirn» (22,3-4).

Das betrachtende Gebet, 100-101

Einbeziehung der Welt in die Meditation

Die Übersteigung der persönlichen wie der kirchlichen Grenzen gehört zum Wesen von Christ und Kirche. So hat die Einbeziehung der Welt in die Meditation (wie in der Endbetrachtung der Exerzitien, nn. 234-237) keineswegs den Charakter einer Zerstreuung, sie gehört zur Sammlung auf das Wesentliche: eben zur Intention Gottes in seiner Offenbarung. Aber solche Sammlung erfolgt nur, wenn wir in der Betrachtung die Welt mit den Augen Gottes zu sehen versuchen. Nicht wie Welt sich selber sieht, nicht einmal wie wir sie zu sehen pflegen, gehört in die Meditation – das wäre wirklich Zerstreuung –, sondern wie Gott sie sieht, gleichzeitig in ihrer Gottfremde, in die sie zu fliehen versucht, und in der Gottnähe, durch die Gott sie im Werk seines Erbarmens einholt: in der Sendung seines Sohnes. «In ihm», dem dreieinigen und sein Liebesleben erschließenden Gott, «leben wir, regen wir uns und sind wir» (Apg 17,28). Daß ich Gottes Hingabe nie ohne seine Hingabe an alle («den geringsten meiner Brüder» Mt 25,40) betrachte, ist die Voraussetzung dafür, daß zwischen meiner Meditation und meiner weltlichen Arbeit im Alltag keine Kluft entsteht.

Christlich meditieren, 78

SÜNDE UND HÖLLE

«Erste Woche»

Hölle der Selbsterkenntnis

Wenn die *indiferencia* (n. 23) Prinzip für alles ist als Überstieg über alles Mitgeschaffene in die Unmittelbarkeit zu Gott, und der Mensch damit in das transzendente Weder(Welt) – Noch(Gott) der Cloud of Unknowing gestellt wird, dann wird die Erste Exerzitienwoche zu jener ausräumend vorbereitenden «Hölle der Selbsterkenntnis» (Theologia Deutsch), die den Sünder angesichts des Kreuzes Jesu des Bewußtseins jedes eigenen Guten entkleidet, damit er bar jeder Eigenform in die Nachfolge eintrete, in die ihn die Zweite bis die Vierte Exerzitienwoche durch Leben-Jesu-Beschauung einführt.

H III/1/2, 456

Der doppelte Sinn des Wortes «disponer»

Die Leere der Indifferenz in den Exerzitien ist von ganz anderer Art als die Leere, wie sie in fernöstlichen Praktiken gesucht wird; und sie ist im Grunde radikaler als diese. Denn während die letzteren sich nicht darum kümmern, was im vergangenen Leben theologisch Unordnung, also Sünde gewesen sein mag, verwenden die Exerzitien die ganze Erste Woche darauf, sündige Unordnung auszuräumen, wobei vielleicht erstmals in ein Leben das Licht des göttlichen Gerichts, des vollen Ernstes des Kreuzes einfällt. Aber diese Erste Woche der Reinigung ist nicht Selbstzweck, sondern Vorbereitung: Abbau aller Illusionen über scheinbar aus eigener Kraft Aufgebautes und Erreichtes, Demütigung bis zur Einsicht in die eigene Verlorenheit – hinge die Existenz nicht immer noch an dem unzerreißbaren Faden der Gnade Gottes (n. 71). Die Sündenbetrachtungen (nn. 45ff.) schaffen nicht nur eine große Leere, sie öffnen einen gähnenden Abgrund und ermöglichen, im tiefen Erschrecken vor der eigenen Unordnung, eine Sehnsucht nach der wahren Ordnung des Lebens. Im Doppelsinn von *disponer* wird im ersten Takt des Exerzitienrhythmus der erste Sinn erreicht: sich (durch Indifferenz) dazu disponieren, daß der zweite Sinn sich durchsetzen kann: daß Gott über mich disponiere.

Homo creatus est, 32

Das Freiwerden der Freiheit

In der Sünde- und Erbsündeordnung wird die Öffnung der endlichen Freiheit als Bereitschaft zur unendlichen einen Durchbruch durch die vielfältige Ichverfangenheit voraussetzen, der durch ein artikuliertes, vielleicht langwieriges Bemühen erreicht werden muß. Dies ist der Sinn der Ersten Exerzitienwoche bei Ignatius, die ganz auf dieses Freiwerden der Freiheit ausgerichtet ist.

TD II/1, 279

Umkehr

Askese ist kein Training

Was man Askese nennt («askeo» heißt sich üben, vor allem für den Sport), erfolgt sehr oft zur Verfolgung eines selbstgesteckten Zieles, das ein hygienisches, ein sittliches, auch ein religiöses sein kann. Die Selbstverleugnung, die vom Christen in der Nachfolge verlangt wird, kann ein Moment der Askese, der Selbstzucht und des bewußten

Verzichts auf vieles in sich schließen, aber die beiden Kreise überschneiden sich nur partiell. Möglicherweise ist ein Buddhist, der bestimmte, von ihm als religiös angesehene Ziele verfolgt, ein sehr viel strengerer Asket als der Christ. Aber er strebt nach einem selbstgesteckten Ziel (auch wenn er, um es zu erreichen, die Weisungen eines Meisters befolgt), während das Vorbild Christus ein dem Christen von Gott vorgehaltenes Ziel ist. Dort kann der Verzicht in gewisser Hinsicht Selbstzweck sein (Loswerden von etwas Irdischem, das stört), hier nicht, weil das Kreuz nie Selbstzweck ist, sondern Weg zur Erlösung der Welt oder zur Mit-Fruchtbarkeit mit dem Erlöser zusammen.

Noch weniger wird man deshalb *Training* mit christlicher Nachfolge verwechseln. Christliche Nachfolge [...] fordert gewiß Beharrlichkeit, «Durchhalten bis ans Ende», aber dieses Sorgen dafür, daß man «steht, und nicht etwa fällt» (1 Kor 10,11), ist eine ganz andere Haltung als das Er-üben einer Fertigkeit. Wieder mögen sich die Kreise partiell überschneiden, etwa bei geistlichen Übungen wie dem Partikularexamen (nn. 24ff.), der beharrlichen Beobachtung, ob man sich laufend anstrengt, einen Fehler zu meiden. Aber der Christ tut das nicht, um sich geistliche Muskeln anzulegen, sondern um Gott weniger zu beleidigen, um näher bei Christus zu sein.

Alle Wege führen zum Kreuz, 337

Das Maß in Gottes Hand legen

Anthropozentrisch wäre eine Askese und Mystik, die auf der natürlichen Sehnsucht nach Gottesschau *(desiderium naturale visionis)* aufbaut: der Mensch, seine Sehnsucht, sein Eros, seine Erfüllung, kurz seine Vollkommenheit bilden dann Maß und Ziel. Theozentrisch wäre dagegen eine Askese und Mystik, die von der Kreatürlichkeit und ihren Grundforderungen: Lob und Dienst Gottes, Ehrfurcht vor dem absoluten Herrn, Gehorsam ihm gegenüber ausginge, kurz, das Maß von vornherein in Gottes Hand legte. Hier zeigt sich, daß der Weg der Distanz und der Ehrfurcht der kürzeste ist, um zur reinen Liebe zu gelangen; daß hingegen, wer die Stufe der *Natur* überspringen will, um gleich beim sublimsten *Christlichen* einzusetzen, möglicherweise die unbewußte Konkupiszenz der Natur mit in die höchste Stufe hineinnimmt.

Das Weizenkorn, 93

Reue und Beichte

Wir haben es zu lernen, indem wir (in der Schule der Exerzitien) unsere Bereitschaft von den ungeordneten Neigungen läutern (n. 1 usw.), realistisch (gemäß den Übungen der Ersten Woche) vom Schmutz unserer Sünden, denn ohne die ebenso realistische Umkehr – im «Gespräch» des Sünders mit seinem Opfer, dem gekreuzigten Gottmenschen (n. 53) –, bleibt jede Meditation reine Illusion. Weil uns diese Umkehr, diese Reue und (General-)Beichte (n. 44) unerläßlich notwendig sind, kann Ignatius mit solchem fast übertrieben scheinenden Nachdruck auf dem Erkämpfen einer wahren und nicht eingebildeten Indifferenz beharren.

Homo creatus est, 37

Das Sakrament der Beichte (vgl. n. 44)

Man kann sie beschreiben als die habituelle Bereitschaft, sich selber, dort wo es sinnvoll und gefordert ist, rückhaltlos zu erschließen. Diese Bereitschaft steht sehr nah der ignatianischen Indifferenz, die alle Karten vor Gott auf den Tisch zu legen bereit ist, oder der johanneischen Aussagen: «Wer die Wahrheit tut, der kommt zum Licht» (Joh 3,21), oder der paulinischen: «Alles, was ans Licht gebracht wird, ist Licht» (Eph 5,14).[...] Wenn die Sünde Lüge ist und sich deshalb vor der Wahrheit Gottes verbirgt (Gen 3,9-10) [...], Jesus aber am Kreuz die ganze Sünde der Welt trägt und sie in seiner unveränderten Offenheit dem Vater gegenüber diesem zeigt, kann das Kreuz als die Ur-Beichte bezeichnet werden. Man muß hinzufügen, daß Jesus die Sünde nicht als eine ihm fremde Wirklichkeit vor dem Vater offenlegt, sondern als eine solche, von der er sich als unser Bruder nicht desolidarisieren, deren Finsternis und Gottferne er im Gegenteil durchkosten will, ein Unternehmen, das einem dreieinigen Heilsbeschluß für die Welt entspringt, dem sich der Sohn von Ewigkeit her zur Verfügung gestellt hat (vgl. 1 Petr 1,19) und der in der Heilsökonomie die Gestalt eines Auftrags des Vaters und eines Gehorsams des Sohnes annimmt: «Gott (Vater) hat in Christus die Welt mit sich versöhnt,... er hat ihn, der von Sünde nichts wußte, für uns zur Sünde gemacht, damit wir in ihm Gottesgerechtigkeit würden» (2 Kor 5,19.21). Ur-Beichte ist das Kreuz deshalb, weil hier in absoluter Einmaligkeit die ganze Gottverlassenheit des sündigen Zustandes in einem ebenso absoluten Liebesgehorsam durchlitten wird und damit die Wahrheit (eben dessen, was Sünde ist und anrichtet) sich als mächtiger erweist als die Lüge. Das Werk des Gehorsams des Sohnes ist die Verherrlichung des Vaters und seines Heilswillens in der Welt, wofür ihm an Ostern seine Verherrlichung im Vater zuteil wird (Joh 13,31-32): die Auferweckung Jesu ist zugleich die vom Vater der Welt geschenkte Absolution. Deshalb ist es höchst angemessen, daß das Sakrament der Beichte gerade am Ostertag gestiftet wird: «Empfangt den Heiligen Geist: denen ihr die Sünden nachlaßt...» (Joh 20,22-23).

Die Beichte als Sakrament erhält damit ihren Ort in der Nachfolge Christi: sie hat ein Moment der Passion an sich

– Beichte hat einen Bußcharakter –, aber daß man überhaupt beichten darf, ist eine von Ostern her geschenkte Gnade[...], die immer den Einzelnen vor Augen hat [...], umso mehr als die Einsetzung des Sakraments als das zusammenfassende Ende einer langen Reihe von Erfahrungen Jesu mit einzelnen Menschen [erfolgt]: der Kontakt mit Kranken, mit Sündern, mit Unverständigen (wie Nikodemus) war immer ein personaler: *diesem* wurden die Sünden vergeben, *jenem* die Augen geöffnet... Dies im Gegensatz zur Situation des Alten Bundes, wo der Partner Gottes jeweils primär das Volk war: das Volk fiel von Jahwe ab, das Volk flehte um Erbarmen, das Volk bekehrte sich wieder zu Gott usf.; einzelne Persönlichkeiten wie Mose oder die Könige waren nur die Vertreter des Volkes. Gewiß gab es seit Ezechiel eine individuelle Anrechnung der Schuld und der Bekehrung, wodurch allererst ein sittliches Handeln ernsthaft ermöglicht war; aber Sakramente im eigentlichen Sinn konnte es erst seit und durch Jesus Christus geben, der sein eigenes Wesen und heilwirkendes Geschick seiner Kirche weitergab [...].

Dies wird verständlich aus dem über das stellvertretende Leiden des Herrn am Kreuz Gesagten. Denn dort sind die Sünder, die sich alle in ihren Egoismus hinein verschließen und so das Gegenteil einer Gemeinschaft zu bilden scheinen, immer schon versammelt. Und seit dem Kreuz liegt das Schwergewicht der Sünde nicht mehr im einzelnen Sünder, seinem schlechten Gewissen, das er durch die Beichte loswerden möchte, sondern in dem, was dem Sohn Gottes angetan wird. Echte Reue kann nicht auf das eigene Ich gehen, das sich ärgert, von seinem eigenen Ideal abgefallen zu sein, sondern einzig auf Den, der die Schuld dieses Ichs auf sich genommen und weggetragen hat. Daß Gott beleidigt worden ist, ist das Schreckliche, und nur ein Moment an diesem Schrecklichen ist, daß (auch) ich ihn beleidigt habe.

Le sacrement de pénitence, 398-400

Besinnung auf die Sünde

Die Erfahrung meiner möglichen Verdammung

Jeder, der auf die absolute Norm zu blicken hat, auf den durchbohrten Menschensohn, der in Wahrheit in allen Brüdern verborgen anwest, auf das «seit Ursprung der Welt erwählte», «erwürgte Lamm ohne Fehl und Makel» (1 Petr 1,20; Offb 13,8), wird so überwältigt sein von der Hoheit des Einen und der verächtlichen Niedrigkeit seiner selbst (vgl. n. 59), daß er keinerlei Zeit hat, auf die Situation anderer Menschen zu reflektieren. Der bloße Anblick dieser Norm sagt ihm, daß er in keiner Weise entspricht und standhält, und endgültig unter der Schwelle des Erforderten zurückbleibt. Jeder kann sich für sich vorweg in diese Situation versetzen; mit andern Worten: die Erwägung eines möglichen ewigen Verlorengehens kann und darf nur eine je-meinige Betrachtung sein. So wird sie am Schluß der Ersten Woche der ignatianischen Exerzitien angestellt: nicht als eine öffentliche Volkspredigt, sondern als die letzte Konsequenz meiner persönlichen, angesichts des Gekreuzigten durchgeführten Erwägung meiner Sünde (nn. 53 u. 61). Ich selber erkenne mich als den unfruchtbaren Baum, der dem Herrn keine Frucht gab, als ihn hungerte, und deshalb den Fluch des endgültigen Verdorrens erhält.

Gericht, 234

Das Kreuz als Prinzip wahrer Objektivität und Subjektivität

In der Auferstehungsbetrachtung (aller Glaube ist ja Auferstehungsglaube) ist somit die Kreuzesbetrachtung eingeschlossen, und in der Kreuzesbetrachtung erhält wiederum die Betrachtung der eigenen und der Welt-Sünde ihren Ort. Denn christlich gesehen gibt es keine fruchtbare Sündenbetrachtung außer auf dem Weg zur

Beichte, und der Ursprung der Beichte ist das Kreuz. Nur im Licht des Kreuzes und des dort erfolgenden Gerichtes über die Sünde kann der Sünder einigermaßen zu verstehen und zu wägen hoffen, was seine Sünde ist. Das sogenannte gute oder böse Gewissen, so notwendig seine Funktion auch sein mag, würde allein nicht dazu ausreichen, denn das Wesen der Sünde ist Lüge und damit auch Vernebelung der innern Einsicht; es ist leichter, als man glaubt, sein Gewissen zu überlisten und den Urteilen der «Welt» in sich Raum zu geben. Anderseits kann es eine gewisse pauschale Verzweiflung über den eigenen Sündenabgrund geben, die, so wie sie erfahren wird, auch nicht gottgewollt ist, sondern selbst einer sündigen Verfassung entspricht. Vom Kreuz her wird dem Sünder die rechte Objektivität (das gottgewollte Maß von Einsicht in die Schuld) und Subjektivität (das gottgewollte Maß von erfahrener Zerknirschung, Umkehr, Reue) zuteil, von dorther auch das rechte Maß und die rechte Gesinnung der Gerichtsfurcht. Keineswegs ist das Entfesseln einer ungemessenen und schrankenlosen Gerichtsangst, vorbei an der Wirklichkeit des Kreuzes, christlich, sie ist sogar unbedingt unchristlich.

Das betrachtende Gebet, 262-263

Die allgemeine und persönliche Sünde angesichts der erlösenden Liebe

Die Sündenbetrachtung ist angesichts des Kreuzes dialektisch: indem ich auf meinen Erlöser blicke, verstehe ich erst, was ich eigentlich angestellt habe. Vor der erlösenden Liebe durchbohrt mich der abgründige Schrecken, daß ich ein Mörder der ewigen Liebe sein könnte, ja bin, und als solcher ohne Bedingung und Ausrede die Verdammnis verdiene. Indem ich das Werk der äußersten Liebe zwischen Vater, Sohn und Geist betrachte, das für mich, den Lieblosen, getan wird, wird mir deutlich, daß ich nicht dazugehöre, die Liebe nicht habe, und deshalb des ewigen Zorns und eigentlich der Vernichtung und des Hinausgeworfenwerdens aus jeder Gottesordnung wert bin:

«Staunender Ausruf mit steigender Erregung. Alle Geschöpfe durchgehen, wie sie mich am Leben gelassen und darin erhalten haben: die Engel, wie sie als Schwert der göttlichen Gerechtigkeit mich dennoch ertragen und behütet und für mich gebetet haben, die Heiligen, wie sie bedacht waren, für mich einzutreten, Himmel, Sonne, Mond, Sterne, Früchte, Vögel, Fische und andere Tiere, und die Erde, die sich nicht auftat, mich zu verschlingen, indem sie neue Höllen schuf, mich für immer zu peinigen» (n. 60). Wenn Ignatius die Sündenbetrachtung («Erste Woche») und die Passionsbetrachtung («Dritte Woche» der Exerzitien) voneinander trennt, so doch nicht, ohne die Betrachtung der allgemeinen und persönlichen Sünde in den theologischen Rahmen der Erlösung zu stellen und jede einzelne Betrachtung hinzuführen zum «Zwiegespräch der Barmherzigkeit» (n. 61) mit dem «gegenwärtig am Kreuz hängenden Herrn», dessen Liebe mir zeigt, «was ich für Christus (nicht) getan habe, was ich für Christus (nicht) tue, was ich für Christus (nicht) tun werde» (n. 52). Gerade auch die gründlich verdiente Hölle soll mir angesichts dieses Gesprächs («wie ein Freund mit einem Freund oder ein Diener mit seinem Herrn» n. 54) aufgehen.

Das betrachtende Gebet, 263

«Für meine Sünden»

Das im Gespräch mit dem gekreuzigten Christus (n. 53) wirkende katholische «pro me» unterscheidet sich vom lutherischen in zweifacher Hinsicht: 1. Es beruht nicht primär darauf, daß ich, gequälter und zerrissener Sünder, mir das Leiden Christi als Heil und Tröstung zusprechen lasse, sondern daß ich, seine Gottverlassenheit betrachtend, mich in ihm und seinem Zustand sehe und erkenne und dieses mein In-ihm-Sein nur als seine absolute Liebe zu mir deuten kann, was alles nur Sinn hat, wenn das Ereignis sich von Person zu Person begibt. 2. Da das «pro me» von Anfang an den Blick des Sünders von sich weg auf den Gekreuzigten lenkt, kann auch der Nachfolgegehorsam (als Versuch dankbarer Liebesantwort) niemals zu einem Mitwirken («Miterlösen») *ex aequo* werden; des Nachfolgers Mitnahme erfolgt stets im verschärften Paradox, daß der Nachfolger (Petrus!) im Ursprung der Verleugner und Kreuziger war.

Ignatius faßt nur zusammen, was von jeher Kern gut katholischer Überlieferung war.

Spiritus Creator, 86-87

Maria in der Ersten Woche (vgl. n. 63)

Man könnte hier noch die Frage stellen, ob Maria das Bewußtsein des Gekreuzigten, vor dem Vater die Schuld der Welt zu tragen (von der er sich nicht distanzieren will) teilen kann. Sie, die von keiner Sünde berührt worden ist, kann, so scheint es, nichts von dem erfahren, was der christlich Meditierende in der Ersten Exerzitienwoche betrachtet: seine eigene Schuld innerhalb der von Luzifer und von Adam herrührenden Weltschuld. Aber hierauf ist zu antworten, daß sie die Wahrheit der Sünde in ihrer Wirkung auf ihren Sohn, ja mehr: an der Weise, wie der Sohn sie zu tragen und vor dem Vater zu offenbaren hat, tiefer erkennt, als je ein Sünder es vermöchte, selbst nicht in seinen «Gesprächen mit dem Gekreuzigten» (nn. 53 usw.), die doch nie bis zu dem Punkt vordringen können, wo die volle Wahrheit und das ganze Schwergewicht der Sünde ermessen wird. Die Mater Dolorosa leidet zwar nicht die physischen Qualen des ans Holz Angenagelten, aber sie leidet tiefer an dem, was ihm den unerträglichen Schmerz der Gottverlassenheit zufügt: hier durchleidet sie ernsthafter als jeder Sünder die Erste Woche.

Christlich meditieren, 64-65

Hölle

Die Hölle, die ich verdient habe und die mir bisher erspart blieb

Um uns diesen für uns unüberbrückbaren Abstand beizubringen, läßt uns Ignatius von Loyola am Ende seiner die Geistlichen Übungen einleitenden Sündenbetrachtungen eine letzte Betrachtung über die Hölle machen (nn. 65ff.). Jeder muß sie im höchsten Ernst für sich selbst, für sich allein durchstehen: sich dabei mit allen seinen Sinnen in die «Flammen», in «Rauch» und «Gestank», «Bitterkeit», in «Wehklagen», «Geheul», «Geschrei», «Lästerungen» gegen Christus und die Seinen hineinversetzen – nicht bloß durch eine Anstrengung der Phantasie, sondern im Bewußtsein, daß alle, die «trotz ihres Glaubens seine Gebote (die Liebe natürlich) nicht hielten», sich selbst für immer von der abgelehnten ewigen Liebe wegverdammten. Dies aber soll angesichts der gekreuzigten Liebe Christi geschehen (n. 53), in der Verwunderung, daß mir durch seine Barmherzigkeit dieses Schicksal bisher erspart worden ist, weil er unfaßlicherweise für meine Sünden starb. Das Innewerden des «*Gegenteils*» (n. 59) zwischen «seiner Weisheit und meiner Ignoranz, seiner Gerechtigkeit und meiner Ungerechtigkeit» ist für Ignatius die Bedingung für mein Zugelassenwerden in den bescheidenen Dienst (n. 114) für Christus.

»Hölle» ist hier das mir persönlich – nicht hypothetisch, sondern mit vollem Recht – Zustehende, dem ich, ohne

Seitenblick auf andere, mit letztem Ernst standzuhalten habe. Und ich brauche nicht, wie Schwabs Reiter über dem Bodensee, nach Erfahren meines Entronnenseins tot umzusinken, sondern darf, in Dankbarkeit für Den, der mich durch das Eis seiner Gottverlassenheit getragen hat, leben.

Kleiner Diskurs über die Hölle, 26-27

Der dialektische Charakter der Höllenbetrachtung

Der Höllengedanke bleibt überall so lange phantastisch und imaginär und deshalb vom Beter nicht absolut ernst zu nehmen, wo er nicht Form gewinnt aus dem Kontrast zur erlösenden Liebe. Erst hier wird dem Sünder endgültig «der Mund verstopft» (Röm 3,19), der gegen die absolut reale Möglichkeit, daß Gott einen Menschen verlasse, immer noch etwas einzuwenden hat.

Die Betrachtung der Hölle behält in diesem Sinne, wie die Sündenbetrachtung überhaupt, ihre Dialektik. Sie wird gehalten angesichts der Gottverlassenheit des Sohnes (n. 53) und seines Abstiegs in die Finsternis des Hades. Wie ungeheuer streng dieses Gericht des Vaters ist – denn wer als der Sohn weiß wirklich, was es heißt, vom Vater verlassen zu sein? – verstehe ich am Sohn, der aber nicht seine, sondern meine Sünden trägt. Es ist meine «Höllenfahrt», die ich an ihm erblicke, die ich also, weiß Gott, verdient habe, und von der ich mich in dieser Betrachtung nicht distanzieren kann, im geheimen Gefühl, die eigene Haut dort gerettet zu haben, wo der Freund, der Geliebte, die ewige Liebe selbst, an meiner Stelle geschunden wird. Ein solches Gefühl wäre die absolute Lieblosigkeit, der krasse Egoismus, das kalte Herz, das nicht einmal angesichts der Folter des Sohnes erweicht wird, und das, wer weiß, deswegen den vermehrten, unabwendbaren Zorn des Vaters auf sich herabbeschwören könnte. Es bleibt dem betrachtenden Sünder, der hier seine eigene Sünde im Gericht sieht, nur eines übrig: mitdabeizusein, wo seine Sache abgehandelt wird, mitdabei als der, der er ist; der Sünder, der eben gerade *nicht* dabei war, der verraten hat wie Judas und verleugnet wie Petrus und geflohen ist wie die übrigen; mitdabei als der, der durch seine Sünde an allem schuld ist und deshalb ohne Widerspruch die Verurteilung des Richters und den Verlassenheitsschrei des Opfers gutheißen muß: ja, *das* ist die Wahrheit, das hat *er* verdient.

Die Dialektik dieser Betrachtung besteht darin, daß der Glaubende, weil er glaubt (daß hier die Erlösung der Welt und die seinige geschieht), weil er liebt (und sich daher vom Sohn nicht distanzieren kann), das Verdammungsurteil des Vaters über den Sünder (der *er* ist) anerkennen muß. Der Glaube und die Liebe, die diese Betrachtung anstellen, sind es, die sich dem Gericht des Vaters unterstellen. Wohl erwarten sie vom Vater alles Gute und sind darin selber Gnaden aus der vollendeten Erlösung und Auferstehung. Aber sie schließen in diese ihre Erwartung alles Guten ein das Jawort zu ihrer gerechten Verdammnis. Wenn Gott sie verdammen müßte, so hätte er recht. Hat er doch recht getan, als er den Sohn, der meine Sünde trug und verkörperte, in der Nacht verließ. Und doch sind es wirklich Glaube und Liebe, und sie allein, die diese Betrachtung anstellen, und die diese Anerkennung der eigenen Verdammungswürdigkeit aussprechen angesichts der Erlösung aus der Hölle, angesichts jenes einzigen Ereignisses, von dem her es überhaupt so etwas wie Glaube und Liebe gibt. Und so liegt gleichzeitig im echten, lebendigen Glauben und Lieben eine Unmöglichkeit, die eigene Verdammnis aus Gottes Mund anzunehmen, weil sie ja der Sohn, die Liebe, stellvertretend für mich trägt, und das unerhörte Wort des frommen Kardinals Bona wird doch zu einem christlichen, in der Theologie des Glaubens und der Liebe notwendigen Wort: «‹Auf dich, Herr, habe ich gehofft, ich werde in Ewigkeit nicht zuschanden werden› (Ps 30). Und wenn ein Engel vom Himmel mir versicherte, ich sei von deinem Angesicht wegverwiesen, so würde ich es ihm nicht glauben. Und wenn du selber, höchster Gott, mir sagtest: Ich habe dich in Ewigkeit verdammt, so wollte ich deine Worte nicht hören. Verzeih mir Herr: in dieser Sache würde ich dir nicht glauben, denn, selbst wenn du mich tötest und mich in die Hölle versenkst, ‹ich werde doch immerdar auf dich hoffen›» (Via compendii ad Deum c 12, decas 9).

Das betrachtende Gebet, 263-265

Der monologale-dialogale Charakter der Höllenbetrachtung

Anders als in dieser für den weltlichen Verstand unverständlichen, für den Glauben aber klaren und unausweichlichen Doppelseitigkeit ist über schwere Sünde und ihre Strafe nicht zu betrachten. Dort, wo die von der Auferstehung des Herrn herkommende Lebendigkeit des Glaubens und der Liebe durchbricht, kann nicht gleichzeitig und in der gleichen Hinsicht Furcht vor der Hölle herrschen. Dort aber, wo Glaube und Liebe in ihrer Lebendigkeit hineingeführt werden in die Tiefen des Kreuzes, bis zu einem Miterlöschen des Auferstehungslichtes und einem Miteingetauchtsein in die Nacht, ist der absolute Ernst der Höllenbetrachtung nicht nur möglich, sondern notwendig. Und zwar keineswegs im Sinne eines «Mit-Leidens» mit Christus zusammen, sondern, wie die Wahrheit es fordert, im Abgeschieden des Sünders von ihm, so wie Petrus «hinausgeht» (Mt 26,75 par), um einsam seine bittern Tränen zu weinen, und es ihm nicht einfallen kann, diese zum Erlösungsleiden des Herrn (das er verursacht und verschärft hat) hinzuzuzählen. Es erhellt daraus, daß die Betrachtung der Hölle streng den Charakter der Je-Meinigkeit besitzt und wahren muß und somit – wenigstens als ausgeführte – in das «verschlossene Kämmerlein» (Mt 6,6) gehört. Im lebendigen Glauben kann ich im Grunde immer nur an meine eigene Verdammnis glauben; für den Nächsten kann sich mir das Licht der Auferstehung nicht so verdunkeln, daß ich aufhören dürfte oder müßte, für ihn zu hoffen.

Aber auch die je-meinige Betrachtung der Verdammnis bleibt nicht so monologisch, daß sie nicht zugleich, weil sie ja eine Glaubensbetrachtung ist, unbedingt dialogisch sein müßte. Auch die höchst konkrete und existentielle Höllenbetrachtung, die Ignatius ans Ende seiner Ersten Exerzitienwoche stellt, und die er sinngemäß mit allen körperlichen Sinnen erfahren läßt, bleibt dialogische Betrachtung: «Im Gespräch zu Christus unserem Herrn sich der Seelen erinnern, die in der Hölle sind, ...dabei Dank sagen, daß er mich nicht durch Abbruch meines Lebens (dorthin) fallen ließ, und ebenso, daß er mir bisher ständig so große Gnädigkeit und Erbarmung zugewendet hat» (n. 71). Dieser «Dialog», zur höchsten existentiellen Erfahrung gesteigert, ist «die dunkle Nacht der Seele»: die Teilnahme an der Kreuzesverlassenheit des Herrn, in einer nicht mehr erleuchteten und deshalb nicht mehr urteilen- und unterscheiden-könnenden Liebe, für die das Gespräch endgültig die Form des Monologs ohne Antwort angenommen hat. Aber auch diese Nacht wird vom Auferstandenen ausgeteilt und in ihrem Verlauf gelenkt und begrenzt.

Das betrachtende Gebet, 265-267

Bereitschaft zur Strafe

Zu beachten ist, daß wir als Christen nur neutestamentlich betrachten dürfen, das heißt uns keinen andern Richter über unsere Schuld vorstellen dürfen als den, der durch das Tragen unserer Sünden zugleich unser Retter ist. Die fünf Sündenbetrachtungen im Exerzitienbuch (nn. 45ff.) münden alle in ein «Gespräch» mit dem Gekreuzigten; auch die letzte, sehr ernste Betrachtung über die Hölle (nn. 65ff.) schließt mit einem Dank an den Erlöser, der mich nicht «durch Abbruch meines Lebens» in die Gefahr der Verdammnis geraten ließ, mir vielmehr «beständig so große Pietät und Barmherzigkeit zugewendet hat» (n. 71). Freilich verdrängt «vollkommene Liebe die Furcht» (1 Joh 4,18), aber eine solche Liebe werden wir uns nie zuschreiben. «Furcht bleibt der Strafe zugeordnet», und wir wissen, daß wir solche verdient haben. Aber wir dürfen diese Strafe als eine Form des Erbarmens Gottes verstehen, der uns läutern will, und beteuern, daß wir bereit sind, sie in diesem Sinn von ihm anzunehmen. Das ist ein weites Thema, denn Bereitschaft zur Strafe für unsere Schuld ist nicht abtrennbar vom Mitleiden mit Jesus für alle Schuld, deshalb auch unterschwellig verbunden mit der Bereitschaft, für die Schuld anderer, Bekannter und Unbekannter, mitzubüßen.

Christlich meditieren, 34-35

Gericht

Derselbe, der sich am Ende seiner Sündenbetrachtung (nn. 45ff.) selber verurteilen mußte, wird am nächsten Tag dem in die Nachfolge rufenden Herrn begegnen (nn. 91ff.). Damit, daß keiner der Norm, vor die er gestellt wird, standhält, kann nicht alles gesagt sein. Denn wenn er auf den Durchbohrten schaut (n. 53) und dabei versteht, daß er, der Schuldige, ihn durchbohrt hat, dann sieht er auch, daß seine Schuld in jene Wunde aufgenommen und in ihr gesühnt ist. Er, der Sünder, ist im Lamm abgebildet, als das, was er für Gott ist – oder werden sollte. Und erst angesichts dieser für seinen Hochmut niederschmetternden Schau entscheidet sich das Letzte. Endweder stürzt er sich freiwillig und dankbar in die Flammen Gottes, die ihn zu dem läutern sollen, was er werden möchte, aber noch nicht ist, gleichgültig, wie weh es tun und wie lange es dauern wird – oder er haßt dieses verklärte Bild seiner selbst in Gott, er will «sich nicht entfremdet» in Gott, sondern bei sich selber er selber sein, und dann kann die Flamme Gottes ihn erfassen, in einer Zeitlosigkeit, die ebenso dauert wie sein Wille, sich zu bewahren und nicht zu kapitulieren.

Daß das möglich ist, wird uns vielfach von der Schrift, von Jesus selbst bezeugt. Es ist möglich, dem Gericht der Liebe Gottes ins Angesicht zu widerstehen, und dann ist es selbstverständlich, daß einem so Widerstehenden «weder in dieser noch in der zukünftigen Welt vergeben werden» kann (Mt 12,32). Es ist auch möglich, daß ein solches Nein sich als ein Leben bestimmend erst enthüllt, wenn der Mensch vor die ewige Norm gestellt wird (Mt 25,42ff.). Brauchen wir uns diese Möglichkeit vorzustellen, gar auszumalen? Sicher nur für uns selbst; allgemeine neutrale Theorien über die Hölle sollten weder in Theologie noch in Pastoral entworfen werden. Ebensowenig aber dürfen allgemeine Theorien verbreitet werden, daß wegen der Güte Gottes eine Hölle, in der jemand sich befindet, nicht existieren kann. Wir würden damit der Souveränität unseres Richters, der allein über unser Heil und Unheil befindet, zu nahe treten.

Gericht, 234-235

DER RUF

«Zweite Woche»

Das Leben Jesu als Ruf

Die Nachfolge, in die die Zweite bis Vierte Exerzitienwoche einführt, entscheidet sich für den Einzelnen im personalen Ruf Christi (nn. 91ff.), der, nach Ignatius' Idee, mitten in der indifferenten, zu allem bereiten Leben-Jesu-Betrachtung aufklingen und jedem die von oben her absteigende Lebensform gnadenhaft prägend verliehen wird, in der er, als zu Gott hin gänzlich formbare Materie, dem Willen Gottes entsprechen und es damit zur Vollkommenheit christlicher Existenz (n. 135) bringen kann.

H III/1/2, 456

Nicht taub sein gegenüber dem Ruf

Der Gehalt seiner Forderung wird bei seiner Proklamation in Christus an «die gesamte und vollständige Welt» geoffenbart, die aber jeweils eine ganz persönliche Proklamation «an jeden einzelnen im besonderen» ist (n. 95), der diesen Inhalt zu seinem wesentlichen Lebensgehalt zu wählen hat, dessen Haltung also zu sein hat: «Nicht-Taub-Sein gegenüber seinem Ruf, sondern schnell und voll Bereitschaft» (n. 91), um fähig zu sein, die Wahl Gottes zu wählen, die rein kreatürliche, ja erbsündig-emanzipierte Freiheit als gegenüberstehende aufzugeben (*Sume et suscipe universam meam voluntatem...* n. 234), um in der Gnade teilzunehmen an der Freiheit Gottes im Mitvollzug seiner

Wahl. Somit ein Gottesbild, das seine Mitte hat in einer personalen Souveränität der je-einmaligen Entscheidung, wie es erschienen ist und einzig zugänglich bleibt im je-einmaligen Erscheinen, Begegnen und Erwählen Christi und seinem «Folge mir nach». Und ein Menschenbild, das seine Mitte nicht hat in Aspirationen und Sehnsüchten des Herzens, die nach Verwirklichung bis ins Absolute drängen, sondern in Lob-Ehrfurcht-Dienst Gottes (n. 23) und Bereitschaft *(disposición)* zu einem nie, weder im ganzen noch im einzelnen, aus der eigenen Natur abzulesenden, vorauszuberechnenden Willen Gottes.

Exerzitien und Theologie, 230-231

Zweiter Sinn von «disponer»

Die Zweite bis Vierte Woche dient [...] dem zweiten Sinn von *disponer* : daß Gott über mich disponiere. In der Betrachtung des Lebens, Leidens und Auferstehens Jesu, in der Nachfolge von Situation zu Situation wird, falls «ich nicht taub bin für seinen Ruf» (n. 91), seine Wahl sich ereignen und von mir verstanden werden. Er wählt; wir wählen, was er für uns wählt. Wir wissen jetzt, «wie wir uns bereiten sollen *(disponer)*, damit wir in jedem Stand oder Leben, das Gott unser Herr uns schenkt, um es zu erwählen *(nos diere para eligir)* zur Vollkommenheit gelangen können» (n. 135). Zu diesem von Ewigkeit her für uns von Gott Gewählten hin sind wir erschaffen; indem wir Gottes Wahl wählen, verwirklichen wir unsere eigene Idee, wie sie in Gott ist, und das ist die höchste Freiheit. Was aber Gott für uns wählt, ist auf jeden Fall eine Sendung in der Nachfolge Christi, innerhalb seiner Kirche, ein «Charisma», wenn man diesen Begriff mit dem der Sendung zusammenfallen läßt. Nur wenn wir uns mit unserer Sendung identifizieren, werden wir im tiefsten, theologischen Sinn Person.

Man kann diesen Satz an den Heiligen verifizieren, zum Beispiel an Paulus oder an Augustinus oder an Franziskus oder an Ignatius, bei denen das von Gott her gesehen Ungeordnete ausgebrannt werden mußte, damit sie, ihren Auftrag ergreifend, zu den Einmaligen wurden, als die sie durch die Jahrhunderte Geschichte prägen durften. Die Beispiele machen auch verständlich, daß es den Exerzitien primär und zentral um eine einmalige, die Ganzheit des Lebens ins Spiel bringende, deshalb nicht rückgängig zu machende Wahl geht, in der ich meine eigene Identität in Gott finde.

Homo creatus est, 32-33

Begegnung mit dem rufenden Gott

«Ruf Christi»

Die Exerzitienbetrachtung vom «Ruf Christi» (nn. 91ff.) ist eine Meditation über die auf diesen Ruf zu gebende Antwort, wenn man «sich davon mehr ergreifen lassen will» (n. 97), und die Wahl, vor die dieser Ruf uns stellt: Christus unserm Herrn nachzufolgen «zum ersten Stand hin, der in der Befolgung der Gebote besteht», wozu er uns das Beispiel in seinem Gehorsam den Eltern gegenüber gegeben hat, oder «zum zweiten Stand hin, der in der Vollkommenheit des Evangeliums besteht», da er seine Familie verließ, «um frei zu sein im reinen Dienst seines ewigen Vaters». Und dies, «damit wir in jedem Stand oder Leben, das Gott unser Herr uns schenkt, um es zu erwählen, zur Vollkommenheit» – der christlichen Liebe natürlich – «gelangen können» (n. 135).

Christlicher Stand, 7

Forderung Christi an die Seinen

«Kein diensttuender Soldat läßt sich in [Handels-] Geschäfte des zivilen Lebens verstricken, damit er dem gefalle, der ihn zum Kriegsdienst angeworben hat» (2 Tim 2,4). Paulus bringt dieses Gleichnis aus dem weltlichen Bereich und empfiehlt Timotheus eigens, [es] zu meditieren (V. 7), im Gleichnis die höhere christliche Wahrheit unmittelbar herauszulesen, entsprechend dem Gesetz des *Je-mehr,* das auch Ignatius hervorheben wird: «Wenn wir schon den Ruf eines irdischen Königs an seine Untertanen in Erwägung ziehen, um wieviel mehr ist dann beherzigenswert der Ruf Christi, des ewigen Königs...» (n. 95).

Das Gleichnis der «Soldatenehre» ist gebunden an diesen bestimmten Stand, der in jeder Kultur und durch alle Zeiten hindurch auf der Voraussetzung beruht, daß man hier sein Leben einsetzt für das Vaterland und die Mitbürger. Zu fallen ist für den Soldaten nicht die Ausnahme, der Grenzfall, sondern die immer gesichtete und eingerechnete Möglichkeit; so ist soldatische Ethik Aug in Aug zum Tod entworfen und bezieht von daher eine bestimmte Absolutheit und Würde, die der bürgerlichen Ethik nicht in gleicher Weise eignet. So kann der Soldat nicht ein verkappter Ziviler sein, er darf die «Großmut» (n. 5) des Soldatischen nicht mit den «Berechnungen» der «Geschäftswelt» verquicken. Zum Soldatischen gehört aber eine bestimmte personale Beziehung (zum Feldherrn); reine Anonymität (Mannschaft als Kanonenfutter) widerspricht im tiefsten dem Standesethos, das unter dem gleichen «Feldgrau» unbedingt an das persönliche Herz jedes Einzelnen appelliert: das Verschwinden in der Einheit der Truppe muß immer die Leistung persönlichen Mutes und Einsatzes sein (vgl. n. 94).

Von den Kirchenvätern an (Tertullian, Basilius) bis zu Ignatius ist diese Lebensordung ein Gleichnis – und eigentlich mehr als das (vgl. Péguy) – für das Christliche.

Thessalonicher- und Pastoralbriefe, 173-174

Erwählung als ewiger Akt, begründet in der Trinität

«Sehen und erwägen die drei göttlichen Personen wie auf dem Thron Seiner Göttlichen Majestät, wie sie das ganze Erdenrund überblicken, wo alle Völker in großer Blindheit dahinleben, ...in so großer Verschiedenheit der Tracht wie des Benehmens, die einen weiß, die andern schwarz, die einen im Frieden, die andern im Krieg, die einen weinend, die andern lachend, die einen gesund, die andern krank, die einen geborenwerdend, die andern sterbend» (n. 106). Die Welt so sehen, kann also besagen: sie schon mit den Augen Gottes sehen. Das negative Moment der Distanz und der darin schon vorgezeichneten Indifferenz kann – und muß, wenn die Berufung echt ist – das Positive des himmlischen Standes zur Voraussetzung haben. Der Berufene ist in besonderer, in sein Bewußtsein eindringender Weise «nicht von dieser Welt» (Joh 17,14). Er ist «gestorben»; sein «Leben ist mit Christus in Gott verborgen» (Kol 3,3); darum «sucht» er, «was droben ist, wo Christus zur Rechten Gottes sitzt» (ebd. 3,1), er ist «von Gott erkannt», noch bevor er ihn selber mit Bewußtsein erkennt (Gal 4,9) und klar das Wort Pauli mitsprechen kann, daß durch Christus «die Welt» ihm «gekreuzigt» ist und er «der Welt» (ebd. 6,14).

Denn die Erwählung ist ein ewiger Akt, begründet in der Trinität «vor Grundlegung der Welt» (Eph 1,4), ein Akt, der den Erwählten daher auch in die Ewigkeit einbezieht, aber nur damit er sich dort in Gottes Ratschluß einfüge und mit Christus in die Welt senden lasse. Wenn er im Leben steht, ja ins Leben hineindrängt, dann kraft seiner Berufung und im Feuer seiner Sendung, die ihren Ursprung in der Stadt des lebendigen Gottes hat.

Christlicher Stand, 391

Das Sendungsprogramm Jesu Christi (vgl. nn. 95, 146)

Wenn Jesus im Evangelium (Mt 16,21-27) sein entscheidendes Sendungsprogramm vorstellt: am Kreuz nimmt nicht nur die Welt Ärgernis, sondern zunächst auch die Kirche. Sie besteht aus Menschen, die alle dem Leiden soweit und solange als möglich entrinnen möchten. Alle Religionen außerhalb des Christentums entsprechen diesem Programm: Wie kann der Mensch dem Leiden entrinnen: durch Stoizismus, durch Rettung aus dem «Rad der Wiedergeburten», durch Untertauchen in Meditation usf.? Christus im Gegenteil ist Mensch geworden, um zu leiden, mehr als je einer gelitten hat. Wer ihn daran hindern will, ist ihm ein Widersacher. Und der bekommt nicht zu hören: Freu dich, daß ich für dich leide, sondern: nimm selber dein Kreuz auf dich, aus Liebe zu mir und zugunsten deiner Brüder, für deren Heil gelitten werden muß. Einen andern Heilsweg als mich selbst gibt es nicht. Dein Heil liegt nicht darin, dein Ich loszuwerden, sondern dein Ich immerfort für die andern zu opfern, was ohne Schmerz und Kreuz nicht geht.

Licht des Wortes, 108 (91-92)

Einleitendes zur Erwägung der Stände

Vorausbestimmung Gottes und Verfügbarkeit des Menschen

Gott rechnet in der Entwerfung seiner Heiligkeitsidee mit der Natur, den Kräften und Möglichkeiten des Einzelnen. Aber er geht damit ebenso frei um wie ein Künstler mit den Farben einer Palette. Es ist nicht im voraus ersichtlich, welche Farben dieser bevorzugen wird, welche vielleicht aufgebraucht, welche im Gegenteil kaum angerührt werden, welche Mischungen er vornehmen wird, welche Effekte er überhaupt erzielen will. Aus der Betrachtung der bloßen Natur eines Menschen ist nimmermehr abzulesen, was Gottes Gnade mit ihr vorhat, in welcher Weise sie sich wird aufgeben müssen – nur *daß* sie es muß, ist von vornherein klar, weil alle Liebe Verzicht auf das Eigene ist -, welcher Idee der Heiligkeit Gottes sie sich wird einpassen müssen. Den Heiligkeitswillen Gottes muß jeder Einzelne in Gebet und Betrachtung zu erfahren, zu erlauschen suchen, und anders als betend kann keiner seine Bestimmung zur Heiligkeit finden. Auf dieser Vorstellung ruht unter anderem das ganze Gebäude der ignatianischen Exerzitien: Wir sollen dort, Christi Leben «betrachtend, erforschen und betend erspüren, in welchem Leben oder Stand seine göttliche Majestät sich unser bedienen will, ...uns bereitstellen, um in jedem Stand oder Leben, das Gott unser Herr uns zur Erwählung anbietet, zum Vollkommenen zu gelangen» (n. 135).

Schwestern im Geist, 17

Zwei verschiedene Lebensformen

Obschon die Liebe, die vollkommene, Gebot ist (Joh 15,17) und obschon sie als Gebot auch den «Rat» in sich hat – weil Liebende nicht aus «Pflicht» lieben und ihnen der Wunsch des Geliebten soviel ist wie sein Befehl –, treffen wir in der Kirche zwei Lebensformen oder «Stände», die sich als «Weg der Gebote» und «Weg der Räte» voneinander unterscheiden (vgl. n. 135). [...] Der Weg der Räte hat schon früh eine institutionalisierte Form erhalten und ist als «Weg der Vollkommenheit» bezeichnet worden. «Die evangelischen Räte der gottgeweihten Jungfräulichkeit, der Armut und des Gehorsams sind» ohne Zweifel «in Wort und Beispiel des Herrn begründet» (Vat. II, L.G. 43), von ihm aber (wie von Paulus 1 Kor 7,25) nicht als der Weg aller Gläubigen vorgeschrieben, auch wenn wir (bei Lukas etwa) beobachten können, daß, was einige dazu Ausersehene wörtlich befolgen, in einem weitern Sinn von allen verlangt wird.

Christlicher Stand, 30

Der eine Weg Christi als Ursprung der Zweiheit der Stände

Der Herr repräsentiert auf seinem Weg durch die Welt den Weltstand durch die ersten dreißig Jahre seines Lebens. Er ist während dieser Zeit Glied einer menschlichen Familie, geboren und erzogen wie jedermann und vor allem untertan seinen Eltern (nn. 134, 271) in der Bindung, wie sie für den Weltstand bezeichnend ist. Der Stand Jesu während dieser Zeit ist das Vorbild des Weltstands (n. 135), nicht der Weltstand selbst. Denn weder ist er wie die übrigen Menschen naturhaft zu seinem Stehen gezwungen, sondern hat sich freiwillig in diese Bindung begeben, noch ist er einer natürlichen Ehe entsprossen, noch unterzieht er sich der für den Weltstand bezeichnenden Bindung der Ehe. Sein Stehen in der Welt ist wie die Verhüllung seines dauernden Stehens im Vater, ohne daß man sagen könnte, sein Stehen in der Welt sei deshalb in Wahrheit ein Erwählungsstand. Denn dieser wird erst durch die Lösung der natürlichen Bindungen an die Familie begründet, die doch gerade seine erste Zeit kennzeichnen. Diese bleibt also das echte und nicht nur scheinbare Vorbild des Weltstandes, da der Sohn als Kind, Jüngling und Mann innerhalb des wahren menschlichen Rahmens und in wahrem Gehorsam gegenüber den Gesetzen der natürlichen Familie und Gesellschaft die Möglichkeit vorlebt, im Vater und in dessen Willen und Sendung zu stehen. Wenn er später, beim Beginn seiner offenbaren Sendung, diesen Rahmen verläßt (n. 158), sich in eine neue Lebensform begibt, mit seinen Jüngern zusammen eine neue Gemeinschaft begründet, dann setzt er in diesem zweiten Abschnitt seines Lebens nicht einfach fort, was er im ersten begonnen hat, sondern unterstreicht mit allem Nachdruck den Sprung, der dazwischen liegt, und setzt durch die Andersartigkeit des zweiten die Eigenständigkeit des ersten Standes nochmals klarer ins Licht. Diese Konfrontation erfolgt dort, wo er seine irdische Verwandtschaft zu Mutter und Brüdern verleugnet, um nur noch die übernatürliche Verwandschaft mit denen, die den Willen des Vaters tun, zuvörderst mit seinen Jüngern, anzuerkennen (Mk 3,31-35; Mt 12,46-50; Lk 8,19-21).

Christlicher Stand, 155

Ruf Christi, Begründung und Inbegriff des christlichen Standes

Der Ruf ist nicht nur das, was christlichen Stand wie eine Voraussetzung begründet, er ist der Inbegriff des christlichen Standes und Lebens überhaupt. Das Wo des Stehens Christi war der Wille des Vaters, das Wo des Christen ist das Stehen im jeweils neu im Anruf durch das Wort der Wahrheit des Sohnes offenbarten Willen des Vaters. Dieses Wo ist für Christus wie für den Christen zugleich standes- und lebensbegründend; im Willen des Vaters zu stehen bedeutet Leben. «Ich weiß, daß sein Gebot das ewige Leben ist» (Joh 12,50). Das jeweils jetzt an den Einzelnen ergehende und für ihn hörbar werdende Gebot ist die letzte Norm seines Seins und Sollens. Weil es aber Ruf des lebendigen Gottes ist, der als Person immer mehr ist als ein abstraktes Gesetz und eine allgemeingültige Regel, darum läßt sich der je-jetzt ergehende Ruf auch nur je-jetzt hören und aufgrund dieses Hörens befolgen. Damit ist gesagt, daß es keine vom konkreten Ruf absehende, ihn vergessende oder gar ausschließende Lehre des christlichen Standes und Weges gibt.

Diese Wahrheit ist lange Zeit ungenügend berücksichtigt worden. Man ging weitgehend von der Voraussetzung aus, es gebe eine von diesem Ruf unabhängige allgemeingültige Schematik christlichen Fortschritts zur Vollkommenheit, eine Art Stufenleiter des rechten Verhaltens, ein durchzunehmendes Pensum, das im voraus übersehbar, wenn auch nur allmählich erlernbar wäre. Von dieser Schematik der «Aufstiege zu Gott» lebt fast die ganze christliche spätantike und mittelalterliche Vollkommenheitslehre, und es ist eigentlich erst das Exerzitienbuch des hl. Ignatius von Loyola, das im Rückgang auf das Evangelium eine neue, aber entscheidende Dimension aufdeckt, eine Revolution bewirkt, deren volle Tragweite durchaus nicht in jeder Richtung erkannt worden ist.

Ignatius hat, die alte Schematik des geistlichen Lebens überholend, die Betrachtung des Lebens Jesu unter das Vorzeichen einer Betrachtung seines Rufes (*el Llamamiento del Rey* n. 91) gestellt, die den Inhalt seines Christusbildes bestimmt. Er hat dann folgerichtig die das Leben Jesu Betrachtenden dazu angehalten, es nicht in einer theoretischen Kontemplation zu tun, sondern so, daß das konkrete Wort des Vaters in jeder neuen Situation jeweils neu vernommen wird, und die überall zu erbittende Gnade die ist, «nicht taub zu sein seinem Ruf, sondern rasch und sorgsam beflissen, seinen heiligen Willen zu erfüllen» (ebd.). Der Betrachtende soll demnach «in Verbindung mit der Betrachtung seines Lebens forschend erspüren und bittend erfragen, in welchem ‹Leben oder Stand› *(vida o estado)* Seine Göttliche Majestät sich unser zu bedienen wünscht» (n. 135), «damit wir in jedem Stand oder Leben, das Gott unser Herr uns schenkt, um es zu erwählen, zur Vollkommenheit gelangen können» (ebd.). Der in der lauschenden Betrachtung des Wortes Gottes persönlich und individuell ertönende Ruf begründet dann nicht nur die rechte Richtung des christlichen Schreitens, sondern ausdrücklich seinen «Stand», der mit «Leben» identisch gesehen wird, wobei «Stand» vom allgemeinen Christenstand innerhalb der «heiligen Mutter, der hierarchischen Kirche» (n. 170) her sich konkretisiert zum differenzierten Lebensstand als Priesterstand, Rätestand, Ehestand (n. 171) und noch enger als das jeweils konkrete Hier- oder Dort-Stehen innerhalb dieses Standes (nn. 172ff.).

Christlicher Stand, 317-318

Die Alternative, vor die der Exerzitand gestellt ist

Die christliche Standeswahl kann also strenggenommen nicht so dargestellt werden, daß der Wählende sich vergewissern müßte, ob Gottes Ruf ihn zum Ehestand oder zum Priester- oder Rätestand bestimmt. Er steht bei seiner Wahl nicht vor zwei gleichwertigen Rufen. Er steht, christlich gesehen, nur vor dem Entweder-Oder von allgemeinem Ruf zum christlichen Leben (aus dem für gewöhnlich der Entschluß zum Ehestand folgen wird) und dem besondern Ruf zum Priester- oder Rätestand. Und er wird zum Eheleben dann berufen sein, wenn er *nicht* eines besondern Rufes teilhaftig wird. Ignatius legt in seinen «Regeln über die kirchliche Gesinnung» (nn. 352-370) Wert auf diese klare Abstufung: «Loben soll man nachdrücklich die Orden, die Jungfräulichkeit und die Enthaltsamkeit, und nicht so sehr wie eines von diesen die Ehe. Loben die religiösen Gelübde des Gehorsams, der Armut, der Keuschheit und anderer Vollkommenheiten der Übergebühr. Und es ist zu bemerken: Da das Gelübde Dinge betrifft, die auf die evangelische Vollkommenheit zustreben, so soll man in Dingen, die sich von ihr entfernen, keine Gelübde ablegen, etwa Kaufmann oder Ehegatte zu werden» (nn. 356-357). Was in dieser theoretischen Formulierung vielleicht hart erscheinen mag, wird einfach und klar, wenn man auf die Praxis des christlichen Lebens schaut. Kein gesunder und nicht durch Vorurteile verschrobener Christ wird je von sich sagen, daß er aufgrund einer göttlichen Wahl den Ehestand gewählt habe, einer Wahl, die mit der Wahl und dem Ruf vergleichbar wäre, die der zum Priester und zur persönlichen Nachfolge im Rätestand Berufene in sich erkennt oder verspürt. Der die Ehe Wählende wird einfach jene besondere Erwählung in seiner Seele *nicht* vorgefunden haben und mit dem besten Gewissen der Welt, ohne sich einer Unvollkommenheit bewußt zu sein, aber auch ohne sich deswegen eines besonders erwählten Weges Gottes zu rühmen, den Ehestand wählen. Er wird schlicht dem allgemeinen Willen Gottes mit seinem Geschöpf gehorchen: «Mein Sohn, ... suche im ganzen Gefild einen fruchtbaren Acker dir aus und säe getrost deinen Samen» (Sir 26,20).

Christlicher Stand, 342-343

Es braucht «mehr Gründe», um den ersten Weg einzuschlagen

Strenggenommen dürfte einer den Weg des Laienstandes erst einschlagen, wenn er bewußt und bereit vor dem Entweder-Oder der kirchlichen Lebensformen gestanden hat. Und er müßte sich dabei bewußt sein, daß christliches Leben in der Welt zumeist schwieriger ist als eines in den Gelübden, so daß Ignatius für den in den Geistlichen Übungen vor die Wahl Gestellten die Regel aufstellt: «Er soll völlig indifferent sein, sowohl den Weg der Räte wie den der Gebote zu beschreiten, ja er soll, was ihn selber betrifft, mehr zu den Räten hinneigen, wenn dies der bessere Dienst Gottes ist. Denn es bedarf klarerer Zeichen, um festzustellen, daß einer nach Gottes Willen im Stand der Gebote verbleiben soll, als daß er den Weg der Räte beschreite, weil der Herr so offenkundig zu den Räten hin ansporrt, während er bei den Geboten die großen Gefahren aufweist» (Dir. 71-72, Nr. 7-9).

Christlicher Stand, 398

Das Paradox der christlichen Stände

Wenn einerseits der Weg der Räte eindeutig besser zu sein scheint als der Weg der Gebote (nn. 14-15, 356-357), scheint doch wiederum die Vollendung der Liebe so ganz in die Gesinnung der Indifferenz, die liebend zu allem bereit ist, zurückverlegt zu sein, daß nicht mehr verständlich ist, weshalb der Weg der Räte «vollkommener» sein sollte als der Weg der Gebote. [...] Aus dem Wesen der Liebe [...] kann wohl begreiflich gemacht werden, daß es eine Sphäre freier Bindung jenseits des «Pflichtgemäßen» gibt, und daß diese Sphäre, von der Pflicht aus betrachtet, als «Rat» erscheint, aber weder von der Liebe des Menschen zu Gott, noch von der erwählenden Liebe Gottes zum Menschen her können, da die Aufforderung zur vollkommenen Liebe an alle ergeht, die [...] kirchlichen Lebensformen befriedigend abgeleitet werden.

Christlicher Stand, 44

Ruf zum allgemeinen und besonderen «Räteleben»

Sofern die Sphäre des «Rates» die der neutestamentlichen Liebe überhaupt betrifft, geht sie jeden Christen an, und es ist nur eine Frage bestimmter Berufung und Auserwählung von Christus her, ob einer diesem allgemeinen christlichen «Räteleben» die Gestalt jenes besonderen geben darf und soll, das in der Kirchengeschichte die Form der Gelübdeablegung angenommen hat. In den Exerzitien muß geprüft werden, ob ein Mensch den besondern Ruf Christi vernimmt, der ihn zur «aktuellen Armut (usw.)» auswählt, oder ob er als ebenfalls nach Vollkommenheit strebender Christ zur «spirituellen Armut (usw.)» berufen ist (n. 98). Da die besondere Erwählung Sache des Herrn ist und nicht im Belieben des Christen steht, der nach einer theoretischen Regel «das Vollkommenere» für sich zu wählen wünschte, geschieht ihm durch ein Nichterwähltwerden zum «aktuellen» Räteleben kein Unrecht. Vielmehr hat er zweierlei zu bedenken: daß die aktuelle Darlebung der Räte nur *instrumentaliter et dispositive* zur Vollkommenheit gehört (Thomas, S.Th., II/II 186, 2), und daß deshalb das Streben nach der vollkommenen Nachfolge Christi im Halten des Liebesgebotes durchaus zur christlichen «Vollkommenheit führen» kann (n. 135).

Neue Klarstellungen, 105

Einübung in die restlose Verfügbarkeit

Aktives Suchen nach Gottes Willen

Indifferenz braucht nicht in Richtung auf Vernichtigung des Eigenseins und Eigenwillens der Kreatur hin geübt zu werden, eine Richtung, die die Spiritualität von Eckhart bis Fénelon stärker oder schwächer unter ein verborgenes monotheletisches – um nicht zu sagen orientalisch-pantheistisches – Vorzeichen gestellt hat. Das wahre Mysterium der christlichen Offenbarung ist vielmehr, daß die Vollendung des Gottesreiches, das «Gott alles in allen» (1 Kor 15,28), das «Ich lebe, aber nicht ich, Christus lebt in mir» (Gal 2,20), als das Allwirken Gottes im aktiven Mit-Wirken des Geschöpfs – in Gelassenheit, Hingabe, Dienst – gesucht werden darf. Sofern dieses Mit-Wirken nicht mehr bei der Indifferenz als *bloßem* Geschehenlassen stehenbleiben kann, vielmehr der besondere Wille Gottes, der aktiv ergriffen und durchgeführt werden soll, auch aktiv gesucht werden muß (n. 1), rückt die Gelassenheit, die bei den Rheinischen [Mystikern] am Ende steht, bei Ignatius an den Anfang und überhöht sich in der Zweiten Exerzitienwoche durch den zentralen Vorgang der «Wahl», die darin besteht, daß der Mensch in der Analogie der Freiheit zwischen Gott und Geschöpf das wählt, «was Gott unser Herr uns schenkt, um es zu erwählen» (n. 135); daß er spontan und bereitwillig jene besondere Wahl mitvollzieht, die für uns in der ewigen Freiheit Gottes gefallen ist. Deutlich wird hier ein Schritt hinausgetan über die Einkehr des Geschöpfs in seine ewige Idee in Gott, wie Eckhart, Seuse, Ruisbroeck sie verstanden: des Menschen Selbstaufgabe in Gott hinein wird dadurch von Gott angenommen und «geehrt», daß sie gnadenhaft und frei teilbekommt am Erwählungsakt Gottes selbst.

H III/1/2, 457-458

«Besinnung über zwei Banner»

Die ethisch-psychologische Analyse der Verführungskraft von Ehre zu Ehrgeiz, von Macht zu Herrschsucht, von Repräsentation zu Hochmut ist unwiderleglich. [...] Mit der Betrachtung der «zwei Heerlager» (nn. 136-148) hat Ignatius von Loyola das von Augustinus ausgebaute Schema der Mentalität des Teufelsreiches Babylon und des himmlischen Reiches Christi in diesem Punkte genau übernommen, sie aber gebührlich auf die Frage der innersten Gesinnung zu Gott eingeschränkt.

Augustinus, 35

Die Dramatik des christlichen Kampfes

Wie der geistliche Kampf Christi um der Versöhnung der Welt mit Gott willen geschah, so muß auch der Kampf in der Nachfolge seine wesentlich sozialen Dimensionen haben. [...] Am eindrücklichsten wird der Zusammenhang von Augustinus herausgestellt, und zwar doppelt: indem er (vorab im Psalmenkommentar) das Drama Christi als des Hauptes nie von dem der Kirche, seines Leibes isoliert, und indem er entsprechend (vorab in der «Gottesbürgerschaft») den weltgeschichtlichen Kampf sich zwischen den beiden Civitates, der Gottes und der dieser Welt, abspielen läßt. Beide Leiber sind wie die zweier Ringkämpfer in der Kampfesglut oft ununterscheidbar ineinander verkrallt; erst der Jüngste Tag wird sie sichtbar für uns scheiden. Mag Augustinus, wie seine Vorgänger und Nachfolger, vielfach vom «christlichen Agôn» des Einzelnen handeln – da ja die Grenzen der beiden Civitates mitten durch jedes Herz hindurchgehen, er sieht doch immer die gesamtsoteriologische Tragweite des Einsatzes. Das Thema wirkt durch die Jahrhunderte weiter (vgl. DSp Bd. II) [...], um vom Zentrum der ignatianischen Exerzitien (in den Betrachtungen «Der Ruf des irdischen Königs [zum Kriegsdienst] dient dazu, das Leben des ewigen Königs zu betrachten», nn. 91-98, und «Über zwei Banner», nn. 136-147) aus auch die Spiritualität der Neuheit weithin zu bestimmen, wiederum in einer Einheit des individuellen und sozialen Gesichtspunkts.

Der individuelle wird durch den Komplex der «Regeln zur Unterscheidung der Geister» (nn. 313-336) umrissen, der auf eine gewichtige biblisch-patristisch-mittelalterliche Tradition zurückblicken kann, der soziale ist dadurch gekennzeichnet, daß es sich wie bei den Vätern um ein Mitkämpfen mit Christus innerhalb der Kirche (nn. 170, 353), des sich in der Zeit durchsetzenden Reiches Christi (nn. 95, 145) handelt. Die im Mittelpunkt der Exerzitien stehende «Wahl» meint das Finden jenes Auftrags, den Gott dem Einzelnen innerhalb seines Erlösungswerkes zugedacht hat (n. 135). Die Kontinuität zwischen diesem subjektiv-objektiven oder individuell-sozialen Programm und dem der Väter ist augenscheinlich (vgl. Vogt, 7-125, 205-268). Aber indem Ignatius die alle Christen umfassende patristische Tradition fortführt, greift er gleichzeitig die besondere auf, die den Asketen, den Pneumatiker (Origenes), dann den Mönch (die Wüstenväter, Evagrius,

Ps.-Makarius) und jenen in den evangelischen Räten Lebenden als Streiter Christi katexochen ansieht.

TD II/1, 149-151

«Besinnung über drei Menschengruppen»

Je näher die Exerzitien ihrem Hauptzweck und Höhepunkt, der «Erwählung» *(elección)* kommen, desto intensiver wird um die *indiferencia* gerungen, bis hin zu so subtilen, fast kasuistischen Betrachtungen wie der von den «drei Menschenpaaren» (nn. 149ff.), wobei die Zweiten die entscheidenden sind: sie wollen von dem nicht durchaus rechtmäßig erworbenen Geld und der Anhänglichkeit daran «zwar lassen, aber so, daß sie im Besitz der erworbenen Sache bleiben, dergestalt, daß Gott dorthin kommen soll, wohin sie selber wollen»; während die Dritten «die Anhänglichkeit so lassen wollen, daß ebensowenig eine Neigung sie bestimmt, die erworbene Sache zu behalten, als sie nicht zu behalten». Das «Lassen» wird, wie gesagt, dem natürlichen Menschen immer Schwierigkeit bereiten, so daß er, um zur rechten «Gelassenheit» zu gelangen, um ein durch Gott Beraubtwerden «bitten soll, auch wenn es gegen das Fleisch wäre» (n. 157).

Homo creatus est, 32

Die Einstellung der «ersten Menschengruppe»

Diese Einstellung, die doch diejenige sehr vieler Christen ist, behält ein Doppelgesicht. Auf der einen Seite ist sie wohl Ausdruck einer gewissen Gleichgültigkeit gegenüber der Liebe Gottes, eines Bedürfnisses, «in Ruhe gelassen zu werden», wie es allen «Erbsündern» in irgendeinem Grad eignet, und wie es schließlich auch die erwählten Jünger am Ölberg schlafen ließ. Und unter diesem Aspekt wird jeder der immer größeren Forderung des Liebesgebotes gegenüber etwas wie ein habituell schlechtes Gewissen haben. Aber während dieses sich bei den eigens Berufenen in einen Aufbruch übersetzt, in eine Bewegung zur Hingabe und Nachfolge, bleibt es bei den übrigen wie ein unangetasteter statischer Hintergrund. Mancher weiß, daß «etwas geschehen sollte», aber er «wählt die Mittel dazu nicht bis zur Stunde des Todes» (n. 153). Und ein solches Stehenbleiben kann sich schließlich auch stets mit dem Nichtergangensein des besonderen Rufes entschuldigen. Weil die einen zu mehr berufen sind als die andern, können diese sich weniger berufen fühlen als jene.

Christlicher Stand , 348-349

Demut an der Wurzel

Dialektik der Demut. Ignatius verlangt von den Seinen Demut (nn. 164ff.), damit sie Gott und den Menschen gefallen möchten. Ohne Liebenswürdigkeit kein Apostolat, ohne Demut keine Liebenswürdigkeit. Die Demut kann als Mittel verwendet werden, wenn sie schon an der Wurzel der suchenden Bewegung steht.

Weizenkorn, 95

Erwägung über die «Drei Weisen der Demütigung»

Ignatius entwickelt die vollkommene Herstellung der theologisch verstandenen Indifferenz in den «drei Stufen der Demütigung», die man auch Stufen der Bereitschaft, des Verzichts auf eigene Verfügung und Einpassung in die göttliche Verfügung nennen kann (nn. 164ff.).

Die erste faßt die alttestamentliche Welt des «Gebotes» zusammen und fordert die Bereitschaft, «in allem dem Gesetz Gottes unseres Herrn zu gehorchen» (n. 165) in der noch undifferenzierten Art eines Entweder-Oder von Für-Gott oder Gegen-Gott (vgl. Dtn 30,19).

Die zweite steht gleichsam auf der Schwelle zwischen dem Alten und dem Neuen Bund, da Gott als persönlicher erschienen ist, also mit einem persönlichen Willen und Plan und *noch bevor* er seinen Plan entwickelt, absolute Nachfolge verlangt. Es ist der eigentliche Ort der Indifferenz, da auf dieser zweiten Stufe gefordert wird, «daß ich mich auf dem Punkt befinde» – und es ist wirklich nur ein Punkt! – «daß ich nicht mehr dazu hinneige, Reichtum als Armut zu haben, Ehre als Schmach zu begehren, ein langes als ein kurzes Leben zu ersehnen, wo der Dienst Gottes unseres Herrn und das Heil meiner Seele gleich ist». Die Darlebung dieser den Plan des persönlichen Gottes erwartenden Haltung bewahrt darum in einer differenzierteren Form vor einem Abweichen vom Willen Gottes, also vor der «läßlichen Sünde (n. 166)».

Die dritte Stufe gibt nur die rahmenhafte Entwicklung des neutestamentlichen Heilsplans, die rahmenhafte Differenz der Wahl Gottes in Christus, die da heißt: Armut, Schmach, Torheit des Kreuzes. Aber Ignatius verzichtet darauf, diese rahmenhafte Bestimmung sofort zur individuellen Bestimmung des göttlichen Willens für den Einzelnen zu machen, es sei denn, dieser Einzelne habe die alttestamentlichen Stufen des Gebotehaltens und die Stufe der Schwelle zwischen den Testamenten, die Indifferenz, sich wirklich angeeignet. Die Wahl des Kreuzes für den Einzelnen unterliegt der doppelten Vorbedingung: daß nämlich «die erste und zweite Stufe vorausgesetzt ist», also nicht nur eine allgemeine Geübtheit im Gebotehalten, sondern ausdrücklich auch eine Geübtheit in der vollkommenen Bereitschaft, und daß «Lob und Ehre der göttlichen Majestät die gleichen wären» (n. 167), die Wahl des Kreuzes also nicht aus einem persönlichen Vorziehen und enthusiastischen Sich-Anbieten, sondern im sachlichen Wissen um das objektive Erwähltsein von Gott her erfolgt, wie denn auch theologisch der Neue Bund nur als Erfüllung von «Strichlein und Häklein» des Alten über diesen hinausgeht und wie er nur in der Form erwählender Entscheidung Gottes in das Neue hineinführt. In der Indifferenzlehre Ignatius' liegt also keimhaft eine Art existentielle Lehre der Testamente und der Heilsökonomie, deren Entwicklung die schon in der Wahl grundgelegten Ideen der Geschichtlichkeit Gottes, des Christentums und der christlichen Existenz bewußt werden lassen könnte.

Exerzitien und Theologie, 231-232.

Mangelnde Demut, Grund zur Ablehnung des Rufes

Die eigentliche Ablehnung des Rufes hat ihre Wurzel im Mangel an Indifferenz, an jener innern, steigenden «Demütigung» seiner selbst vor dem Willen Gottes, der das ganze Ich anfordert (nn. 164ff.). Sie besteht an einem vielleicht sehr verborgenen Punkt der Seele, den sie sich selber vermutlich nach Möglichkeit verbirgt und ins «Unbewußte» abdrängt, in der Erwählung des eigenen Ich an Stelle Gottes. Statt den Sinn und die Gestaltung des Lebens ganz in den Willen des Sendenden zu legen, hält der Betreffende an seinem Willen fest, sein Leben selber nach eigenem Gutdünken zu formen.

Christlicher Stand, 404-405

DIE WAHL

Hinführung

Wahl im Mittelpunkt der Exerzitien

Mittelpunkt der Exerzitien ist die *Wahl;* die zentrale Begegnung mit Gott ist Begegnung mit einem wählenden Gott. Nicht mit dem augustinischen Gott der «requies» für das «cor inquietum», nicht mit dem thomistischen Gott der «visio beatifica» für den «appetitus naturalis» und «supernaturalis visionis», sondern mit dem Gott, der in unbegreiflicher Freiheit wählend herabfährt auf den Erwählten, um ihn, quer durch alle «Unruhe» und alles «Streben», für seine unvorhersehbaren Zwecke anzufordern.

Exerzitien und Theologie, 230

Die Möglichkeit einer endgültigen Erwählung

Kann es innerhalb der vergänglichen Zeit einen Akt geben, der unsere ganze Zeit, Vergangenheit und Zukunft, gerade die ungewisse Zukunft, ineins zusammenrafft und sie als ganze Gott in seiner ewigen Zeit anbietet und dieser Ewigkeit einfügt? Wenn es das gäbe, so hätte einer durch Gottes Gnade, aber auch durch seine eigene Hingabe seine ganze Vergänglichkeit unterlaufen und in die unvergängliche Zeit eingeborgen. Diesen Akt wagen heute viele Menschen, gerade die Jungen, nicht mehr zu setzen, denn wer kann schon über seine Zukunft verfügen? Die Ehe ist objektiv unauflöslich, aber wer hält das subjektiv noch für möglich?

Den Akt, von dem hier die Rede ist, hat Ignatius von Loyola in die Mitte seiner Geistlichen Übungen gestellt, die als ganze nur auf ihn hin zielen und darin einüben wollen. Er nennt diesen Akt *electio*, die Wahl, und beschreibt sie genau als die Korrespondenz zwischen dem ewigen Willen Gottes für mein persönliches Leben und meinem Willen, mich in Freiheit diesem ewigen Willen einzufügen. Darin besteht in der Tat die größtmögliche Freiheit. Wir sollen, sagt er, uns in die Gesinntheit Jesu Christi betrachtend einüben, «damit wir in jedem Stand oder Leben, das Gott unser Herr uns schenkt, um es zu erwählen, zur Vollkommenheit gelangen können» (n. 135). Ich verfüge nach rückwärts und nach vorwärts über meine ganze vergängliche Zeit und stelle sie ungeteilt in die ewige Zeit Gottes hinein. Im Grunde müßte das jeder Christ tun, der subjektiv ratifiziert, was bei seiner Taufe objektiv geschieht; er tut es sakramental im Akt der Festlegung, *confirmatio*, Firmung. Er tut es ernsthafter, bewußter, folgenreicher im «Suscipe» am Ende der Exerzitien (n. 234) und in jeder Entscheidung über die Totalität seines Daseins: im Sakrament der Ehe, im Sakrament der Priesterweihe und in jener Art von Übersakrament der evangelischen Räte, die ihn in die Unauflöslichkeit des Verhältnisses Christus-Kirche, Bräutigam-Braut hineinstellen.

Homo creatus est, 49-50

Verschiedene Komponenten angesichts der Wahl und Reinheit der Absicht

Der Ruf kann in doppelter Hinsicht als komplex erscheinen. Einerseits kann eine Berufung aufgrund des Zusammentretens mehrerer Elemente zustande kommen: einer natürlichen Komponente der Anlage, der Neigung, des Dranges zur Entfaltung natürlicher Keime und Kräfte, einer rein übernatürlichen Komponente unmittelbaren Gerufenseins durch Gott, wobei sich zwischen beide noch andere Komponenten einschieben können: Hilfe oder Hemmung durch die Umwelt und die äußern Lebensumstände, Beurteilung und – im Fall des Priestertums oder Rätelebens – Annahme oder Ablehnung durch die kirchliche Autorität. Diese Komplexion von mehreren Elementen spricht nicht gegen die Möglichkeit, daß sich aus einer Gesamtkonstellation der einfache und lautere Wille Gottes über einem Leben offenbaren kann und soll; pflegt doch dieser Wille nicht als abstrakt für sich aufzutreten, sondern als verkörpert und inkarniert in einer Vielfalt von weltlichen Gegebenheiten. Doch ist aus dieser Spannung zwischen dem «reinen» und dem weltlich «vermittelten» und inkarnierten Ruf Gottes vorweg ersichtlich, daß hier ein Herd schwieriger Fragen und Konflikte liegen kann. Wie immer diese zu lösen sein mögen, sicher ist, daß sich jeder über ein Leben entscheidende Gottesruf, mag er nun mehr oder weniger inkarniert oder rein sein, immer zu einer eindeutigen Gewißheit im Wählenden hin klären muß, wenn dieser zur Wahl schreitet. Ignatius stellt diesbezüglich eine unmißverständliche Regel auf: Jede standesbegründende Wahl, «die von Gott kommt, muß immer lauter und durchsichtig sein, ohne Beimischung des ‹Fleisches› oder irgendeiner andern ungeordneten Neigung. Gar viele täuschen sich in dieser Hinsicht, indem sie aus einer schiefen oder schlechten Wahl eine göttliche Berufung machen» (n. 172). Die Summe der für die Wahl bestimmenden Komponenten: Charakter, Umwelt, Kirche, Gott, muß in ihrer Gesamtheit den klaren und durchsichtigen Willen Gottes zu erkennen geben.

Christlicher Stand, 346-347

Die das christliche Leben durchformende Grundwahl

An der Richtigkeit der Grundwahl hängt Wohl und Wehe der ganzen christlichen Existenz, die dann im ganzen als verspielt erscheint, wenn sie «eine schiefe und schlechte Wahl zu einer göttlichen Berufung» umgelogen hat (n. 172), also zuletzt den göttlichen Willen zum eigenen Willen hingezwungen hat (n. 169), oder wenn sie, überhaupt nicht wählend, im Zeichen der Entscheidungslosigkeit bleibt. Die Grund- oder Standeswahl ist aber nur Rahmen und somit Ausgangspunkt der je-neuen persönlichen Wahl Gottes in jedem Augenblick des Lebens: die Analogia electionis hat zur alles durchformenden Form des christlichen Lebens zu werden.

Exerzitien und Theologie, 231

Die Weisen der Wahl

Die «drei Zeiten» der Wahl

Der Wille Gottes kann sich nun auf verschiedene Art in den weltlichen Medien inkarnieren. Seine Göttlichkeit kann durch das weltlich Vermittelnde so klar und «unvermittelt» hindurchleuchten, daß es alles Weltliche überstrahlt und beiseite schiebt und sich unmißverständlich kundgibt. Der Berufene wird von solcher Evidenz getroffen, daß es ihm gar nicht einfällt, einen Zweifel zu hegen oder eine jetzt überflüssige Prüfung anzustellen. Er hat gehört und verstanden, es bleibt ihm nur noch zu gehorchen (vgl. Dir. 516). Es kann aber auch sein, daß der übernatürliche Ruf, der immer da ist, sich in mehr oder weniger dichte und wechselnde Hüllen kleidet, durch sie hindurch spricht und aus den verschiedenen weltlichen Komponenten durch sorgsame Abwägung ihrer religiösen Tragweite herausgelesen werden muß.

Der Übergang der ersten, psychologisch unmittelbaren Form des Rufes zur zweiten, nicht nur seinshaft, sondern auch bewußtseinshaft durch die weltlichen Ordnungen hindurch vermittelten, kann ein allmählicher sein. Dem trägt Ignatius Rechnung, wenn er in seiner Lehre von den «Drei Zeiten, in denen eine richtige und gute Wahl gehalten werden kann» eine zweite Zeit einschiebt, die den Übergang zwischen der ersten und dritten herstellt.

«Die erste Zeit ist, wenn Gott unser Herr den Willen so bewegt und an sich zieht, daß eine ihm ergebene Seele, ohne zu zweifeln oder auch nur zweifeln zu können dem folgt, was gezeigt wird; wie Sankt Paulus und Sankt Matthäus taten, als sie Christus unserm Herrn nachfolgten. – Die zweite: wenn Klarheit und Einsicht genug empfangen wird von der Erfahrung in Tröstung und Trostlosigkeit her und aus der Erfahrung der Unterscheidung der verschiedenen Geister. – Die dritte ist ruhig; ... wenn nämlich die Seele nicht von verschiedenen Geistern hin und her bewegt wird und von ihren natürlichen Fähigkeiten in Freiheit und Ruhe Gebrauch macht. Wenn sich die Erwählung nicht in der ersten oder zweiten Zeit vollzog, dann (soll sie) in der dritten Zeit (vorgenommen werden)» (nn. 175-178).

In der *ersten Zeit* (n. 175) offenbart sich der Wille Gottes so elementar, daß Überlegung und Zweifel gar nicht möglich sind.

In der *zweiten Zeit* (n. 176) dringt er, rascher oder langsamer, wie die Sonne durch die Nebel, als das gereifte Ergebnis innerer Erfahrungen, Stimmungen, Einsichten, Einsprechungen, Gewißheiten. Die Sphäre, in der in dieser zweiten Zeit die Klärung sich abspielt, ist die der «Unterscheidung der Geister», die Sphäre also, in der die personalen und übernatürlichen Kräfte des Guten wie des

Bösen sich in den natürlichen Seelenkräften manifestieren, da ja Glaube, Hoffnung, Liebe auch als «eingegossene Tugenden» personale Akte bleiben und somit die übernatürliche Gnade nicht ohne Auswirkung und Widerspiegelung im Bewußtseinsleben bleiben kann. Die Sphäre der «Unterscheidung der Geister», die Ignatius im Anschluß an die kirchliche Tradition ausführlich in seinen Unterscheidungsregeln behandelt (nn. 313-336), steht somit an der Grenzscheide im Subjekt zwischen Natur und Gnade: in der Sphäre, wo das Licht der Gnade, noch ohne eigentliche Mystik zu sein, im normalen Bewußtseins-leben des Christen durch die Phänomene des Bewußtseins hindurchleuchtet, und wo sein Seelenleben sich auch bewußtseinshaft von jedem rein natürlichen Bewußtsein unterscheiden läßt. In dieser Übergänglichkeit strahlt durch die natürlichen Kräfte des Geistes hindurch der persönliche, gnadenhafte göttliche Ruf; vor allem wird das, was das natürliche «Gewissen» genannt wird, das Vernunfturteil darüber, was im vorliegenden Fall getan werden soll, durch-hörig für die personale Stimme und Führung des Heiligen Geistes.

So wie die *zweite Zeit* an ihrer oberen Grenze bruchlos in die strahlende Evidenz der «ersten Zeit» übergehen kann, so geht sie an ihrer unteren bruchlos in die Verhülltheit der *dritten Zeit* (n. 177) über, wo die Indirektheit des Rufes auch eine psychologische geworden ist. Der Gerufene weiß jetzt, *daß* es einen Ruf Gottes gibt; er ist aber aus naturhaften Gegebenheiten herauszuhören. Während das reine Licht der Gewißheit sich im ersten Fall als ein blendendes Weiß dem Auge vorstellt, im zweiten sich aus dem zerlegten Spektrum allmählich und von selbst zum einfachen Weiß zusammenschließt, stehen im dritten Fall zunächst nur die vereinzelten Farben des Prismas dem Beschauer vor Augen, und er muß sie durch eigene Tätigkeit so lange verbinden, bis sich ihm die Einfachheit des Weißen ebenfalls ergibt.

Christlicher Stand, 368-370

Weitere Präzisierungen zur «dritten Zeit»

Man wird gut tun, die subjektive Verhülltheit des Rufes, die eine stärkere Einsetzung der Vernunfttätigkeit im Sinn der «dritten Zeit» (n. 177) erfordert, nach dem heiligen Alphons nicht oder wenigstens nicht notwendig einer Abschwächung des Rufes gleichzusetzen [...]: «...diese überlegte und aufrichtige Wahl des Standes geistlicher Vollkommenheit im Dienste Gottes kann aber nur das Ergebnis einer von oben kommenden Gnade sein, einer göttlichen Hilfe, einer innern Einladung oder Einwirkung Christi auf den menschlichen Willen.» Man hat den Sinn dieser Stelle dahin gedeutet, daß «wenn jemand die ehrliche Überzeugung hat, er habe die zum Ordens- oder Priesterberuf notwendigen Anlagen und Gaben und wenn er sich dann aus rechter Absicht zu diesem Berufe entschließt, die bloße Tatsache einer derartigen Erwägung und eines solchen Entschlusses das Zeichen der gesamten innern Anregung, einer vocation divine [ist]; und dies auch dann, wenn für das subjektive Bewußtsein des Betreffenden jede (nicht bloß eine außergewöhnliche) spontane Willensneigung für einen der Berufe fehlt, und Berufserwägung wie Entschluß lediglich auf ruhiger Verstandesübung und rein sachlichen Gründen beruhen und mit dem klaren Bewußtsein vollzogen worden sind, daß man sich *geradesogut* und mit ebenso vielen Gründen für einen andern Stand entscheiden könnte».

Aber diese Deutung der *dritten Zeit* scheint denn doch zu viel – oder zu wenig – in sie hineinzulegen. Die innere Erwählung hat man (mit Recht) als einen wesentlich übernatürlichen Tatbestand beschrieben und ihn dabei sorgsam von natürlichen «Gefühlen» und «Begeisterungen» zu unterscheiden gesucht. Sie ist eine Erfahrung des *Glaubens*, dessen Gesetze über die Gesetze des rein natürlichen Bewußtseins hinausgehen können und müssen, ohne deswegen schon mystische Erfahrungen zu sein. Und wenn Ignatius auch für die *dritte Zeit*, die er ruhig nennt, kein aktuelles Bewußtsein durch die verschiedenen Geister annimmt, so nimmt doch auch bei ihm die «vernunfthafte Überlegung» sogleich wieder die Form eines «Spürens» (vgl. Dir. 557) an, das in der vorausgesetzten Indifferenz die Wahl im Sinne der größeren Ehre Gottes entscheidet (nn. 179, 184). Die scheinbare «Rationalität» der dritten Zeit rechtfertigt noch nicht die Annahme, daß die Wahl Gottes, die während dieser Zeit gewählt wird, sich innerlich nicht von der «gewöhnlichen» Gnadenführung aller Menschen unterscheidet.

Christlicher Stand, 370

Die «erste Zeit» verglichen mit der «dritten»

Wer das Priestertum nach der «dritten Zeit» (n. 177) wählte, hat es selber gewählt und dabei die Beweggründe seiner Wahl bedacht; er hat im voraus die Größe der Werte und die eigene tiefe Unwürdigkeit abwägen können, hat die Dringlichkeit des Rufes und die ihn bewegende Gnade verspürt. Er gelangt zur Pforte des Seminars nach einer Entwicklung, die ihn innerlich zu einer gewissen Reife, einer gewissen erfahrungshaften Erkenntnis geführt hat.

Levi hingegen, der auf den Wink des Herrn seine Zöllnertheke verläßt, ist so unwissend wie ein Neugeborenes. Er weiß nicht, was ihm geschieht. Was den gelehrten Rabbiner angeht, der durch einen Gnadenblitz von seinem Pferde geschleudert wird, so bekennt er seine Unkenntnis: «Was willst du Herr, daß ich tue?» (Apg 9,6). Also kann es scheinen, daß die «erste Zeit» (n. 175) den

«Ignoranten» vorbehalten und sicher für jene bestimmt ist, für die es besser ist, nichts im voraus zu wissen, um sich so nicht ihrer eigenen Leistungen rühmen zu können. Die beiden Autoren, Matthäus und Paulus, werden später wahrlich nicht wenig Ruhm für ihre Leistungen ernten; aber alles bei ihnen begann in einer grundlegenden Demut. Aus dem Nichts kommt nichts: diese einfache Erfahrung Pauli hat schließlich seine ganze Lehre über Werke und Gnade, Gesetz und Evangelium begründet; und analog war es die Erfahrung des Matthäus, die ihm erlaubte, das Alte und Neue Testament in meisterlicher, unerbittlicher Klarheit einander gegenüberzustellen.

Warum ich Priester wurde, 400

Unterscheidung der Geister

In der Erfahrung des Ignatius

Man weiß, daß die Unterscheidungsregeln den ersten, von Ignatius in Manresa durchgeprobten Kern der Exerzitien bilden, da ihn die Erfahrungen von Trost und Trostlosigkeit wie «ein neues, fremdartiges Leben» überkamen (Bericht, 21), wobei er zunächst «am hellichten Tag eine wundersame Erscheinung wie eine Schlange mit vielen Punkten, die wie Augen aufleuchteten», erblickte, «was ihm großen Trost schenkte.., und je öfter er sie schaute, desto größer wurde seine innere Tröstung» (ebd. 19). Aber gleichzeitig wurden ihm die Schwierigkeiten des gewählten Lebens für Gott bewußt. Er fühlte sich unlustig zur Mitfeier der hl. Messe und anderen Gebetsübungen, wozu sich «viele Plagen mit Skrupeln» gesellten (ebd. 22ff.). Zuletzt erkannte er das bezaubernde Ding als ein Blendwerk des Teufels (ebd. 31), aber auch später noch wurde er durch große innere Tröstungen versucht, von seinen Schulaufgaben abzustehen (ebd. 54f.).

Solche Erfahrungen muß man im Auge behalten, wenn man die erste Beschreibung von Trost und Trostlosigkeit liest (n. 315), denn schon hier zeigt sich, daß es «dem bösen Geiste eigen ist, zu beißen, traurig zu stimmen und Hindernisse zu legen, indem er mit falschen Gründen beunruhigt», was genau den Wirkungen der teuflischen Lichterscheinung in Manresa entspricht, während der «Trost», den deren Anblick spendete, durchaus nicht dem «geistlichen Trost» entspricht, der in Regel 3 (n. 316) geschildert wird. Schon damit ergeben sich die Weisungen, die Ignatius in der ersten Regelreihe (nn. 314-327) gibt: vor allem das Durchhalten und das *agere contra* in der Zeit der Trostlosigkeit (nn. 318-319, 323-324), die Erklärung, weshalb Gott Trostlosigkeit verfügt (nn. 320, 322), die Aufdeckung der satanischen Manöver und der Art ihrer Abwehr (nn. 325-327). So enthüllt die zweite Regelreihe (nn. 328-336) die Zweideutigkeit von Tröstungen noch deutlicher, nicht von solchen die von Gott und «einzig» von ihm als Ursache in der ihm hingegebenen Seele hervorgebracht werden (n. 330), sondern von denen, für die irgendeine psychologisch verursachende Vorstufe gefunden werden kann: die Unterscheidung wird dann darin bestehen, zu entdecken, zu welchem Ziel hin diese Tröstung erfolgt (n. 331), so daß höchste Aufmerksamkeit auf den «Verlauf der Gedanken» (n. 333) erfordert wird. Die Richtung, die der Böse einschlägt, ist, auf seine eigenen Ziele hinzuarbeiten (n. 332), er wird «an seinem Schlangenschwanz» erspürt (n. 324). Ja, schon die Weise, wie die Tröstung in den Geist eindringt, ist als verschieden wahrnehmbar: die zum Guten führende ist «sanft, leicht und lind» (n. 335), sich der positiven Bewegungen einschmiegend («der Geist tritt schweigend ein wie in sein eigenes Haus bei offener Tür»), die zum Bösen verleitende ist «scharf, hart, geräuschvoll», wie um die Bewegung zu Gott mit dröhnender Gewalt aufzuhalten und umzukehren. Die letzte Vorsichtsmaßnahme betrifft den Übergang von der gottunmittelbaren Tröstung (deren Erfahrbarkeit Ignatius in keiner Weise hinterfragt) zur «nachfolgenden Zeit» (n. 336), in welcher sie nachklingt, der Mensch aber bereits selbständig Folgerungen daraus ziehen kann; da er hier bei sich selbst und nicht mehr unmittelbar bei Gott weilt, hat die Wachsamkeit wieder einzusetzen, da seine Folgerungen ihn in entgegengesetzte Richtungen ziehen können (n. 336).

TL III, 360-361

Die Unterscheidung des echten Geistes Gottes im Hinblick auf die Wahl

Alle diese Weisungen sind primär auf den zentralen Vorgang der Exerzitien, die Wahl des für den einzelnen Menschen von Gott verfügten Lebensweges ausgerichtet, in welcher Wahl der Einklang zwischen göttlicher und menschlicher Freiheit sich in Reinheit vergegenwärtigen soll: wir sollen ja «in jedem Leben oder Stand, das Gott unser Herr uns schenkt, damit wir es erwählen, zur Vollkommenheit gelangen können» (n. 135). Dieses zarte und von menschlicher Unlauterkeit gefährdete «reine und lautere» *(pura y limpida)* Zueinander göttlichen freiesten Angebots und menschlicher freiester Zustimmung, darf – das ist das Hauptanliegen der Exerzitien – durch nichts getrübt werden, wenn es in aller Wahrheit gelingen soll.

TL III, 361

Unterscheidungsgabe und objektiver Geist des kirchlichen Amtes (nn. 178ff.)

Scheinbar ist diese Geistunterscheidung höchst subjektiv, und dem Exerzitiengeber wird entsprechend verboten, seine eigenen Meinungen in das Zwiegespräch zwischen

Gott und der Seele einzumischen (n. 15). Dennoch muß, da ja ein Leben innerhalb «des Bereichs der heiligen Mutter, der hierarchischen Kirche» (nn. 170, 353) gewählt werden soll, die Kontrolle dieser Subjektivität durch die Objektivität der amtlichen Kirche, verkörpert im Exerzitiengeber, unverzichtbar stattfinden, der aus der kirchlichen Kenntnis der Unterscheidung der Geister die vom Exerzitanden vorgenommene Unterscheidung seinerseits zu prüfen hat (nn. 8-10, 14). Es wird hier nicht genügen, zu sagen, daß dazu einfach «die menschliche Vernunft ausreicht, jedoch unterstützt und erleuchtet durch das Licht des Glaubens, das seinerseits wieder von Gott stammt, und eines kann dem andern nicht widerstreiten, weil notwendigerweise das Wahre mit dem Wahren übereinstimmt» (Dir. 709); man wird dieses «Glaubenslicht» doch noch näherhin als Gnade der dem Exerzitiengeber vom Heiligen Geist eigens verliehenen Unterscheidungsgabe bezeichnen müssen. Diese Gabe ist verbunden mit dem objektiven Geist des kirchlichen Amtes, so daß hier in der Tat subjektiver und objektiver Geist sich nicht widersprechen können, falls beide gemeinsam auf die Eingebungen des Geistes Gottes horchen. Hugo Rahner (vgl. Wulf, 321ff.) hat die Ausgeglichenheit dieser Lehre gezeigt und wie vergeblich die stürmischen Anschuldigungen gegen das Exerzitienwerk, wie klug aber auch seine Verteidigungen (vor allem von Nadal [MHSJ, Bd. 5, 527-573] und späteren Jesuiten [MHSJ, Bd. 57, 649-698], zunächst Suarez) waren, die mit Recht auf die große Tradition der Väter zurückgreifen konnten.

TL III, 361-362

Unterscheidung einer spezifischen Berufung

Das Gleichgewicht verschiebt sich im Fall der Berufung zur ausgesprochen persönlichen Nachfolge im Räteleben oder zu einer ausgesprochen persönlichen Sendung überhaupt – wie etwa im Fall der Jeanne d'Arc oder des Pfarrers von Ars – eindeutig auf die Seite des Subjektiven.

Hier kann die Anerkennung durch den Obern die fehlende Sicherheit der Berufung nicht einfach ergänzen oder ersetzen, und die Sendung besteht auch dann, wenn die zeitweise von der objektiven Autorität im Orden oder der kirchlichen Hierarchie nicht anerkannt wird. Denn sosehr die Kirche als objektive amtliche Institution in allen Belangen der sakramentalen Gnadenvermittlung, der Lehrentscheidung und Predigt und der Regierung und Lenkung der Gläubigen zuständig ist, so sehr wahrt sich doch Gott seinen persönlichen Zugang zu den Seelen, um in ihnen zu wirken und ihnen beizubringen, was er für gut hält. Daß alle Gnaden durch die Gemeinschaft der Heiligen vermittelt werden, besagt nicht, daß sie auch ausdrücklich durch die Kirche als äußere Institution vermittelt werden müssen. Und daß in der Bewertung subjektiver innerer Einsprechungen und gar kirchlicher Sendungen die Kirche größte Sorgfalt walten lassen muß, diese Erfahrungstatsache widerspricht der anderen nicht, daß alle Rufe zur persönlichen Nachfolge des Herrn und erst recht alle großen, einmaligen kirchlichen Sendungen zunächst rein von Gott her stammen und dem Berufenen psychologisch unmittelbar zukommen.

Derselbe Ignatius, der in seinen «Regeln über die kirchliche Gesinnung» (nn. 352-370) so sehr darauf dringt, daß wir «in Absehung von jeglichem privaten Urteil unsern Geist gerüstet und bereit halten, um in allem der wahren Braut Christi unseres Herrn zu gehorchen, die da ist unsere heilige Mutter, die hierarchische Kirche» (n. 353), besteht nicht minder darauf, daß «einzig Gott unser Herr ohne vorausgehenden Grund (d. h. ohne irgendeine hemmende kreatürliche Mediation) der Seele Trost spenden kann, denn es ist dem Schöpfer vorbehalten, in sie einzutreten, aus ihr herauszugehen, sie so zu bewegen, daß er sie ganz in die Liebe zu seiner göttlichen Majestät hineinzieht» (n. 330). Dementsprechend erhält der Exerzitiengeber für die Zeit der Exerzitien, in denen es gerade um die Wahrnehmung eines Rufes zu persönlicher Nachfolge geht, die Weisung, «in der Mitte stehend wie eine Waage unmittelbar den Schöpfer mit seinem Geschöpf wirken lassen und das Geschöpf mit seinem Schöpfer und Herrn» (n. 15).

Christlicher Stand, 360

Weitere Hinweise zur Wahl

Der eine «reine und durchsichtige» Charakter des göttlichen Willens

Die scheinbare Zerlegung des Rufes Gottes in die verschiedenen Facetten, die die natürlichen Aspekte zeigen, darf nie zu der Ansicht verleiten, der Wille Gottes sei nicht einer oder sei in seiner Einheit nicht auffindbar. Ignatius gibt die Mittel und Wege an, durch die Vielfalt dieser «dritten Zeit» (n. 177) hindurchzufinden zum Hören des einfachen Rufes. Der Mensch darf die natürlichen Komponenten keinesfalls in ihrer natürlichen Vereinzelung betrachten, um sich durch sie bestimmen zu lassen; er würde dann nur irgendeiner ungeordneten Neigung folgen; und ungeordnet hat alles zu heißen, was ein Teilmotiv oder eine Teilentscheidung schon als Ausdruck des totalen Willens Gottes erscheinen ließe. Der Sehende hat also zunächst alles Natürliche als reines Transparent und bloßes Werkzeug des Ausdrucks des Willens Gottes anzusehen, davon so Distanz zu gewinnen, daß er sich dadurch nicht anders bestimmen lassen will, als soweit es Kundgabe des Rufes Gottes selber ist. Diese Einstellung nennt

Ignatius Indifferenz (n. 179). Sie ist nur Ausdruck des Willens, durch alle natürlichen Motive und «Rufe» hindurchzuhören auf den einen, gnadenhaften, von oben absteigenden Willen Gottes. «Die erste Regel ist, daß jene Liebe, die mich bewegt, eine bestimmte Sache zu wählen, von oben herabsteige aus der Liebe Gottes, dergestalt, daß der Wählende zuerst in sich spürt, wie die größere oder geringere Liebe für die Sache, die er erwählt, einzig seinen Schöpfer und Herrn zum Grund hat» (n. 184).

Ist diese durchgängige Relativierung aller natürlichen und weltlichen Gesichtspunkte und Neigungen einmal erfolgt und der einzige absolute Punkt in dem zu suchenden reinen Willen und Ruf Gottes selbst gewählt, dann besteht keine Gefahr mehr, daß die Wahl, auch wenn sie mit den scheinbar rein natürlichen Kräften der Vernunft und des Willens geschieht, sich von etwas anderem leiten ließe als vom Wahlakt Gottes selber. Die «Inkarnationen» dieses Willens in die subjektiven und objektiven weltlichen Situationen hinein werden kein Einwand sein gegen seine «Reinheit und Lauterkeit» (n. 172). Jetzt wird es erlaubt sein, «zuzusehen, wohin die Vernunft sich hinneigt»; und so wohl «nach der stärkeren vernunfthaften Regung, nicht aber nach irgendeiner sinnlichen Regung die Entscheidung zu treffen» (n. 182). Die «Vernunft», die hier, unbeeinflußt durch «Sinnlichkeit», die Wahl trifft, ist, weil sie in christlicher und nicht in stoischer Weise indifferent ist, trotz allem Mangel an fühlbaren Einsprechungen, «Geist, der sich vom Geiste Gottes leiten läßt» (vgl. Röm 8,14). Die Sinnlichkeit aber, der diese Vernunft widersteht, ist, obwohl sie die rein psychologische Sinnenhaftigkeit zu sein scheint, in Wahrheit doch «das Fleisch, dessen Trachten Tod ist und Gott feindlich» (ebd. 8,6-7). So wird denn die scheinbar natürliche Wahl sich alsogleich in die göttliche Erwählung hinein verfügen: «Ist die Erwählung oder Entscheidung getroffen, so soll derjenige, der sie getroffen hat, sich mit großer Sorgfalt zum Gebet vor Gott unserm Herrn begeben und ihm diese Wahl darbringen, damit Seine Göttliche Majestät sie annehmen und bekräftigen wolle, sofern sie zu ihrem größeren Dienst und Lobpreis gereicht» (n. 183).

Christlicher Stand, 370-372

Die Forderung nach einer einheitlichen Antwort

Die Einheit des Rufes, mag sie klar erkennbar oder nur dem blinden Glauben, der mehr in Gott als in sich selber glaubt, sichtbar sein, verlangt immer *die Einheit der Antwort.* Die Einheit des Rufes ist das, was allein einem menschlichen Leben letzte Einheit zu geben vermag. Diese ist dann gewährleistet, wenn die Antwort des Menschen unteilbar und rückhaltlos ist, wenn er alles, wirklich alles auf die eine Karte des Glaubens an Gottes Ruf setzt. Dem Ruf glauben heißt darauf verzichten, Plan, Inhalt, Verlauf seines Lebens selber gestalten zu wollen. Dem Ruf glauben heißt sein ganzes Ich mit seinen Wünschen und Strebungen hingeben und opfern in eine nie übersehbare Sendung hinein. Glauben verbietet jede Sicherung gegenüber dem Ruf, für den Fall, daß dieser versagen würde und der Mensch dann doch auf seine eigene Vorsehung angewiesen wäre. Glauben heißt im innersten Zentrum des Selbst eine Leere schaffen und diese dem Wort Gottes aufsparen, das in uns herrschen und den Weg gestalten soll. «Im Glauben brachte Abraham, da er geprüft wurde, Isaak zum Opfer, obwohl er die Verheißung empfangen hatte und ihm gesagt worden war: durch Isaak sollst du Nachkommen erhalten. Er dachte eben: Gott hat die Macht, ihn auch vom Tode zu erwecken... Kraft des Glaubens zogen sie durch das Rote Meer wie über trockenes Land» (Hebr 11,17ff. 29). Denn sobald «nicht mehr ich lebe, sondern Christus in mir lebt, und mein jetziges Leben im Fleische ein Leben im Glauben an den Sohn Gottes» ist (Gal 2,20), «kann ich alles in dem, der mich stärkt» (Phil 4,13). Es geht um einen Austausch, der nicht nur die Oberfläche, sondern den Kern des Wesens selber betreffen muß: eine Auswechslung des eigenen Geistes, der in die Hände des Vaters gelegt wird, und des Geistes Gottes, der fortan an die Stelle der eigenen Selbstbestimmung zu treten hat. So schließt Ignatius seine Erwägungen über die Wahl mit den Worten: «Denn es bedenke ein jeder, daß er in allen Dingen des Geistes soweit gefördert werden wird, als er herausspringt aus seiner Eigenliebe, seinem Eigenwillen und seinem Eigennutz» (n. 189) und gibt diesem Austausch (n. 231) den Namen Liebe: «Nimm weg, Herr, und nimm in Verwaltung meine ganze Freiheit, mein Gedächtnis, meinen Verstand und meinen ganzen Willen, mein ganzes Haben und Besitzen. Verfüge nach *deinem* ganzen Willen, gib mir deine Liebe und Gnade, das ist mir genug» (n. 234).

Christlicher Stand, 376f.

Die Bereitschaft in den Dienst der Sendung stellen

Die völlige Einzigartigkeit der Sendung und des Sendungsbewußtseins Jesu entrückt ihn uns nicht, sondern stellt ihn uns gerade als das Urbild und Vorbild vor Augen, in dessen Nachfolge wir treten sollen. Wenn in uns die Bereitschaft (*indiferencia*) und die erkannte und ergriffene Sendung auch nicht ursprünglich zusammenfallen, so ist es uns doch möglich, unsere Bereitschaft, wenn einmal Sendung ergeht (und sie kann auch stufenweise und in immer neuen Erdbeben ergehen), restlos in ihren Dienst zu stellen (vgl. n. 183). Dies hat Maria gekonnt, da ihre Bereitschaft von jeher eine vollkommene war.

Homo creatus est, 37

In die von Gott absteigende Bewegung miteinschwingen

An drei Stellen des Exerzitienbuches steht die auf den ersten Blick befremdliche Wendung *de arriba,* jedesmal mit Bezug auf die Liebe Gottes selber, die von ihm (als dem Oben) zu uns absteigt, oder auf die Liebe des Menschen zu Gott, die nur dann lauter ist, wenn sie nicht von unten (wo der Mensch ist) zu Gott aufsteigt, sondern – bis zum Grund geläutert und durch die Einübung in die *indiferencia* (Gelassenheit, Gleichmütigkeit) – in die von Gott absteigende Bewegung mit-einschwingt.

Bei der ersten Stelle (n. 184) geht es wesentlich um die Standeswahl, also um die die ganze Lebensform eines Christen bestimmende Entscheidung, möglicherweise, wenn die Standeswahl schon getroffen ist, um andere grundlegende Entscheidungen (etwa über die Verteilung und Verwaltung der eigenen Güter). Hierzu wird als erste Regel aufgestellt: «daß jene Liebe, die mich bewegt, eine bestimmte Sache zu wählen, von oben herabsteige aus der Liebe Gottes, dergestalt, daß der Wählende zuerst in sich spürt, wie die größere oder geringere Liebe für die Sache, die er wählt, einzig (eine solche) für seinen Schöpfer und Herrn ist.»

Die zweite Stelle steht am Schluß der Betrachtung «Über die Erlangung der Liebe» (n. 237) [...].

Die dritte Stelle steht in den Regeln über die Almosenverteilung (n. 338) und ist dort (genau entsprechend den nn. 184-187 angeführten Regeln zur Wahl) das Erste und offenbar Wichtigste, worauf zu achten ist: «Erstens muß die Liebe, die mich bewegt und das Almosen geben läßt, von oben absteigen, von der Liebe Gottes, unseres Herrn; dergestalt, daß ich zuerst in mir wahrnehme, wie die mehr oder weniger große Liebe, die ich für die betreffenden Personen verspüre, (eine solche) für Gott ist, und daß aus dem Beweggrund, weshalb ich sie mehr liebe, Gott hervorstrahlt.»

Die Texte stehen alle drei an exponierter Stelle und verweisen auf ein Grundanliegen des Heiligen.

Homo creatus est, 26-27

Psychologische Nebenmotive?

Es ist möglich, daß der Berufene sich in der Welt immer als ein Fremdling fühlen wird, sein «Bürgerrecht ist im Himmel» (Phil 3,20). Das hindert nicht, daß ihn sein irdischer Auftrag – durch ein vom Himmel stammendes Feuer – stärker brennt als seine Mitmenschen, die von dieser Welt sind.

Diese Jenseitigkeit hat nichts zu tun mit jenen Motiven, die die ungläubige Psychologie meist den Berufenen unterschiebt: Gleichgültigkeit gegenüber Welt und Gesellschaft, unbewältigte Komplexe der Sinnlichkeit, vor allem Angst vor dem Leben. Es mögen zwar solche Motive, Minderwertigkeitsgefühle vor allem, wie sie ja fast in jedem jungen Leben ihre Rolle spielen, bevor der Beweis der eigenen Tüchtigkeit erbracht ist, sich auch und gerade bei Berufenen geltend machen, gar mit der Jenseitigkeit ihres Berufes scheinbar unentwirrbare Bündnisse eingehen. Dann wird es Sache nüchterner Selbstprüfung im Gebet und kluger Führung sein, die Motivkomplexe zu trennen und zuzusehen, welcher der beiden vorherrscht. Ist die Berufung echt, dann ist es zumeist gar nicht ratsam, mit dem Jawort so lange zu warten, bis alle natürlichen Hemmungen, die jeder Heranwachsende in irgendeiner Weise verspürt und zumeist nur bei sich und nicht bei den andern vermutet, überwunden sind. Genug, wenn sie in der Wahl nicht den Ausschlag geben, mögen sie auch vorläufig als störende Nebengeräusche nicht auszuschalten sein. Hier gilt das von Ignatius angeführte Wort des hl. Bernhard an den Dämon: «Deinetwegen habe ich es nicht unternommen, so lasse ich auch deinetwegen nicht davon ab» (n. 351; vgl. MHSJ, Bd. 100, 405, n. 1). Ist die Erkenntnis klaren Überwiegens des Rufes gesichert, dann gibt es kein besseres Mittel, mit den Störungen fertig zu werden, als das mutige und auf Gott horchende Jawort selbst.

Christlicher Stand, 391-392

Legitime Hindernisse, dem Ruf zu folgen

Die Ablehnung des Rufes ist nicht zu verwechseln mit der äußern Unmöglichkeit, ihm Folge zu leisten. Es gibt, wie schon angedeutet, diese perplexe Situation, denn Gottes persönlicher Ruf bleibt in einer letzten Freiheit unabhängig von allen fördernden und hindernden Zweitursachen; er bleibt auch frei, einem Menschen kundzutun, daß er im Grunde ein Erwählter wäre, auch wenn weltliche Hindernisse sich gegen die Berufung türmen und sperren. Solche Hindernisse können äußerer Art sein: die (vielleicht ungerechtfertigte, vielleicht auch begründete) Ablehnung eines Anwärters durch eine religiöse Gemeinschaft oder ein Ordinariat; das Vorhandensein geistiger oder materieller Verpflichtungen im Elternhaus, Krankheit usf. Sie können innerlich im Charakter des Berufenen liegen: Unbeständigkeit, die den aufgenommenen Samen Gottes aus einer Art natürlicher Schwäche nicht zu halten vermag (Mt 13,21), unzureichende Geisteskräfte (*de poco subjecto* n. 18), die die «Last Gottes», die sich einen Augenblick wie zur Probe herabgesenkt hat, nicht zu tragen vermögen. Solche können, auch nachdem sie schon die Priester- oder Ordenslaufbahn begonnen haben, ohne ihre Schuld daraus entlassen werden oder austreten, obwohl ihre Berufung eine echte gewesen war.

Christlicher Stand, 404

NACHFOLGE IN DER PASSION

«Dritte Woche»

Grundlage des ignatianischen Gehorsams

In der Dritten Exerzitienwoche (nn. 190ff.), die ja in der «Ruf-» (nn. 91ff.) und «Bannerbetrachtung» [nn. 136ff.] und in den «Drei Weisen der Demut» (nn. 165ff.) sich vorweg auswirkt, findet sich die Grundlegung des Gehorsams als die noble Leidenschaft, gerade dem gekreuzigten Herrn in seiner Schwachheit («11. Regel»: vgl. Const. 101) zu dienen und dabei den Geist «der wahren Braut unseres Herrn Christus, die da ist unsere heilige Mutter, die hierarchische Kirche», so konkret wie möglich in sich auszuprägen, indem man deren Gehorsamsbereitschaft übernimmt (n. 353).

Pneuma und Institution, 160

Gottes «Sich-Mühen» für uns

Die Suche Gottes nach dem Verlorenen

Das Evangelium (Lk 15,1-32) erzählt die drei Parabeln vom Erbarmen Gottes. Er ist nicht bloß der Gute, der verzeiht, wenn ein Sünder zurückkehrt, er «geht dem Verlorenen nach, bis er es findet». So im Gleichnis vom verlorenen Schaf und dem von der verlorenen Drachme. Im dritten Gleichnis wartet der Vater nicht zuhause auf den verlorenen Sohn, sondern eilt ihm entgegen und fällt ihm um den Hals. Das Suchen Gottes nach dem Verlorenen besagt nicht, daß er nicht weiß, wo dieser sich aufhält, es besagt, daß er die Wege sucht – ob einer von ihnen wirksam sei –, auf denen der Sünder zurückfinden kann. Das ist die «Anstrengung» (n. 236) Gottes, der sich zuletzt in dem höchsten Wagnis, seinen Sohn für die verlorene Welt dahinzugeben, darstellt. Wenn der Sohn bis in die tiefste Sünderverlassenheit hinabsteigt, bis in den Verlust des Vaters, dann ist dies die angestrengteste Suche Gottes nach dem Verlorenen. «Als wir noch Sünder waren, hat Gott sich unser durch die Hingabe seines Sohnes erbarmt» (Röm 5,8).

Licht des Wortes, 312 (265)

Die eucharistische Dahingabe Jesu (nn. 199ff.)

Jesu Leben ist auf die «Stunde» hin ausgerichtet, in der er (in der Passion) nur noch verfügt wird, aber gerade über dieses passive Verfügtsein vorweg (in der Eucharistie) verfügen kann: im Sinn der von Gott gewollten Verströmung. Auf die letztere hin geht seine ganze bange (Lk 12,50) Sehnsucht (Lk 22,15). Schon die schlichte Formel der Einsetzungsworte zeigt den Zusammenfall von Verfügen und Verfügtwerden: «Dies ist mein Leib, der für euch dahingegeben wird» (Lk 22,19). «Dies ist mein Blut, ... das für euch vergossen wird» (Mk 14,24). Das «Hingegebenwerden» weist, wie das «Vergossenwerden» noch deutlicher zeigt, auf die Passion und die Kreuzigung. Wenn die Urkirche und Paulus mit ihr aus dem Faktum der Auferstehung Jesu den Schluß auf die universale Heilsbedeutung des Kreuzes (die im Vorgang selbst unerkennbar bleiben mußte) ziehen wird – «um unserer Sünden willen ward er dahingegeben, und um unserer Rechtfertigung willen auferweckt» (Röm 4,25) – so lag diese Wahrheit als «heilig-öffentlich Geheimnis» bereits in der Gebärde zutage, mit der Jesus am Tisch sein

Fleisch und Blut als hingegebenes und vergossenes darreichte. Die Geste des Sichgebens liegt zeitlich dem gewaltsamen Passionsgeschehen voraus und zeigt damit, daß sie auch der seinshafte Grund dafür ist, weshalb das nachfolgende grausame Geschehen universale Heilsbedeutung gewinnen konnte. Das freie Sich-Geben aber will «bis ans Ende» (Joh 13,1) gehen, und das «Ende» kann nur sein, daß das Sich-Verfügen übergeht in ein reines Verfügen*lassen* und Verfügt*werden*. Alles Passive an der Passion: Fesselung, Verhöhnung, Geißelung, Annagelung, Durchbohrung..., ist Ausdruck des aktiven Hingabewillens, der selber notwendig über die Grenzen des Selbstbestimmenkönnens hinausgeht in die Grenzenlosigkeit reinen Bestimmenlassens.

Ein solcher Hingabewille, der in der eucharistischen Selbstverteilungsgebärde vorweg über alle Schranken menschlicher Endlichkeit hinausgeht, müßte als prometheische Hybris erscheinen, falls er nicht selbst schon Ausdruck eines vorausliegenden Bestimmt- und Verfügtseins wäre. Das sieht das ganze Neue Testament genau, wenn es die ganze Selbsthingabe Jesu an die Seinen und an die Welt («für euch und für die Vielen») als die Inkarnation des göttlichen Wortes und Vollendung der göttlichen Verheißung schildert, die Endtat des Gottes, der aus Liebe zu seiner von ihm geschaffenen Welt und in Treue zu seinem mit ihr eingegangenen Bund sein Kostbarstes dahingibt (Röm 8,32; Joh 3,16). Und weil der göttliche Rettungsplan von vornherein das Zueinander Jesu und der Welt (mit der Kirche als Kern) im Blick hat, kann über diesem Zueinander auch der subjektiv-objektive Geist schweben, dem Jesus gehorcht, der ihn treibt und inspiriert, der im Ursprung Maria überschattet und nach vollbrachter Passion von Jesus der Kirche eingehaucht wird.

Pneuma und Institution, 218-219

Die erdrückende Last, die Gott für uns trägt

«Jesus fällt zum zweiten Mal» (7. Station). Dieses erschreckende Versagen der Kräfte des Gottessohnes muß uns an das Wort erinnern: «Sosehr hat Gott die Welt geliebt, daß er seinen einzigen Sohn für sie dahingab» (Joh 3,16), damit er die übermäßige Last der Weltschuld trage und ihr auch als Mensch erliege. Was muß im Herzen des Vaters vor sich gehen, wenn er das sieht. Wenn er sich sagen muß: das habe ich meinem einziggeliebten Sohn erlaubt, weil er mich gebeten hat, es tun zu dürfen.

Wir haben keine Worte für den Schmerz des Vaters, den er aushält aus reiner Liebe zu seinen sündigen Geschöpfen. Der hl. Ignatius sagt in seinem Exerzitienbuch, wir sollen erwägen, «wie Gott sich um unsertwillen anstrengt und sich wie einer verhält, der mühselige Arbeit verrichtet» (n. 236). Gott trägt die Welt nicht wie der kraftvolle Atlas auf seinen Schultern, wir sehen hier, daß er, aus Liebe zu ihr, unter der Schwere ihrer Last einfach zusammenbricht.

[...] Wir sollten nicht so viel an unsere eigene Mühsal denken, denn was ist sie im Vergleich mit der erdrückenden Last, die Gott für uns trägt; und wenn wir ein Weniges davon mittragen dürfen, ist es reine Gnade.

Der Kreuzweg

Der Gehorsam Christi

Der johanneische Begriff des Liebesgehorsams Christi zum Vater im Heiligen Geist gilt als [...] die Voraussetzung sowohl für die Offenbarung des trinitarischen Liebesmysteriums Gottes wie für die allen Ungehorsam der Menschheit sühnende Erlösung der Welt. Schon der Aquinate hat den Gehorsam als das Zentrum der evangelischen Räte erkannt und Ignatius ist ihm darin gefolgt, indem er vom Gehorsam Christi aus (nn. 101ff.) die Existenzform der Seinen [aufzeigt].

Unser Auftrag, 95

Die allerfreieste Wahl des Kreuzes

Der von Gott in höchster dreieiniger Freiheit gefaßte Gesamtplan zur Welterlösung (n. 102) durch das «vor Grundlegung der Welt erwählte Lamm» (1 Petr 1,19) mußte für die Welt und für den Menschen Jesus als das höchste Gute erscheinen [...], als ein solches Gut, dem er sich nur mit seiner ganzen Freiheit übergeben konnte, und dies in allerfreiester Wahl, wohl wissend, daß seine menschliche Freiheit sich nur innerhalb der absoluten göttlichen ganz entfalten konnte und sollte: man lese und betrachte in diesem Zusammenhang das «Sume et suscipe», n. 234, oder den Schluß der Reichsbetrachtung: «attestans quod ego volo et desidero et mea est determinatio deliberata...» n. 98; deshalb auf die «Stunde des Vaters» hin lebend, die bevorstehende furchtbare «Taufe» zugleich fürchtend und ersehnend (Lk 12,50) und deshalb in der gekommenen Stunde das schon immer Vorgesehene und mit seinem Vernunftwillen Bejahte mit seinem «sinnlichen und seinem Naturwillen verabscheuend», es aber mit seinem «absoluten Willen» niederkämpfend (Thomas, S.Th., III 18, 6 c) und dem väterlichen Willen unterwerfend. Anders als so ist die Übernahme des fremden Gottwidrigen in den eigenen Gehorsam hinein gar nicht vorstellbar.

TL II, 267

Die Antwort des Menschen

«Von oben herab»

Nachdem Ignatius (n. 236) gezeigt hat, welche Mühsal für Gott sowohl das Werk der Schöpfung wie erst recht das der Erlösung ist *(come Dios trabaja y labora por my en todas cosas criadas),* läßt er (n. 237) betrachten, «wie alle Güter und Gaben herabsteigen von oben, etwa meine begrenzte Mächtigkeit von der höchsten und unendlichen von oben», so daß geschaffene menschliche «Güte, Frömmigkeit, Barmherzigkeit» wie die Strahlen von der Sonne, die Wasser von der Quelle «absteigen». [...] Obschon Gott «oben» ist und der Mensch «unten», bewegt sich doch seine Sehnsucht nach dem Absoluten sowohl naturhaft wie, tiefer, von der kenotischen Gnade getragen, «abwärts», wie die Strahlen der Sonne, die Wasser der Quelle. [...]

Nun versteht sich auch das Grundanliegen der Exerzitien, jene *indiferencia* oder Ausrottung der «ungeordneten Neigungen» (n. 1 usw.) zu erreichen, die nichts anderes sind als offenes oder verhülltes Machtstreben, Drang nach dem ersten Platz. Und dies, um die Grundtendenz sowohl Gottes wie seines Bildes, des Geschöpfs, freizulegen. Vom reinen «Wollen, was Gott will» drängt der Heilige dann hin zum Wollen des konkreten Willens Gottes, nämlich der Angestaltung des Menschen an das Bild seines gekreuzigten Sohnes, aber dies immer *de arriba:* nicht durch ein machtmäßiges Greifen nach dem Kreuz, sondern im reinen Geschehenlassen der Abstiegsbewegung Gottes, die durch Kenose, Gehorsam, Gewöhnlichkeit des Menschen hin zum Kreuz führt (Phil 2,7f.). Diese absteigenden Strahlen sind schon die Verströmung und Verherrlichung des Urlichts; sie bedürfen keines Wiederaufstiegs, sondern sind «zuunterst» angelangt, im Zentrum des Lichts, weil der Vater immer schon ewige Selbstverstrahlung war und Herrlichkeit und Verherrlichung in seinem gezeugten Sohn und im Hauch ihrer gegenseitigen Liebe.

Homo creatus est, 29-30

Gehorsam

Der dem Herrn Nachfolgende, der sich in voller Indifferenz dem Willen und Auftrag des Meisters zur Verfügung stellt (nn. 97-98), ohne deswegen aufzuhören, ein spontanes und freies menschliches Subjekt zu sein, ist für sich und für die andern nur noch Auftragsträger, Repräsentant seines Herrn, so wie ein Vizekönig desto vollkommener den König vertritt, je restloser er seine persönlichen, geistigen und gestaltenden Kräfte in den Dienst des Denkens und Wollens seines Souveräns stellt. Er bleibt Person, aber diese wird als ganze durchsichtig auf die sendende Person.

H III/1/2, 459

Der Weg der Demut

Die Forderung Christi nach Armut und Preisgabe der Ehre (in der Exerzitienbetrachtung der «Zwei Fahnen» nn. 136ff.) als Weg zur dritten Stufe, zur Demut (nn. 164ff.), ist die Forderung praktischer Darstellung des faktischen Innern im Äußern. Armut ist praktische Darstellung der faktischen Verarmung durch die Sünde, Ehrlosigkeit ist die äußere Wahrheit unserer inneren Schande. Eben darum sind sie der Weg zur Demut, als der eigentlichen Erkenntnis des Innen, wie es vor Gott ist.

Weizenkorn, 102

Praxis der Enteignung (nn. 337ff.)

Die Kirche könnte mit einer auf der Gemeinde lastenden Autorität auftreten: sie hätte ein Recht dazu (1 Thess 2,7). Es wäre auch nicht unbillig, wenn die Gläubigen für die vielen geistlichen Güter, die sie erhalten, einen Teil ihres Vermögens abgeben müßten. Ignatius meint: zwei Drittel (n. 344).

Thessalonicher- und Pastoralbriefe, 23

Liebe als Nachfolge

Liebe ist es […], die die Nachfolge und Nachahmung bestimmt. Es ist kein mechanisches Abbilden möglich, wo das Vorbild zugleich Mensch und Gott ist. Möglich ist das, was die christliche Liebe gestattet: ein Mitgehen, wo die Jünger und die Frauen mitgegangen sind, in einem demütigen und naiven Gehorsam, und ein Abbildendürfen, wo der Heilige Geist uns die Gesinnung des Sohnes Gottes ins Herz senkt und zur lebendigen Verwirklichung überläßt. Der Herr kargt nicht mit der Verteilung seines eigenen Lebens; und es gehört wohl zu den erstaunlichsten Dingen des Evangeliums, daß er, noch bevor er selbst gelitten hat, so ohne Hemmung vom Kreuze spricht, das ein jeder, der ihm nachfolgen will, täglich auf sich zu nehmen habe (Lk 9,23).

Beinah sieht es hier so aus, als nähme der Herr den Mißbrauch in Kauf, den die Christen mit den Worten Nachfolge und Kreuz treiben werden, indem sie kleinste Widrigkeiten ihres Erdendaseins, die sie mit allen teilen, schon mit dem ungeheuren Erlösungsmysterium in Zusammenhang zu bringen wagen. Aber die Gnade des Herrn erlaubt uns, daß wir unser ganzes Leben unter das Gesetz des seinen stellen, also auch in liebender Betrachtung unser Leben in die Betrachtung des seinigen einbeziehen, um es bis in die praktischen Entschlüsse für den Alltag sich unter diesem Licht verwandeln zu lassen. Zumeinst geht es ja nicht um komplizierte Dinge, sondern um das Allereinfachste: die Liebe. Das Komplizierte begreifen wir meistens leichter als das Schlichte, weil dieses in seiner Einfachheit so fordernd ist. Wie es für die Erkenntnis ein «Gebet der Einfachheit» gibt, so auch für den Willen und den praktischen Vorsatz: indem auch hier der Anfänger verweilen muß bei Einzelheiten seines Tagewerks und seiner innern Haltung, die er nach dem Vorbild des Herrn korrigieren muß – daher die Notwendigkeit für ihn der Kontrolle, des Partikularexamens (nn. 24ff.) –, während der einigermaßen Geübte mehr auf die Gesamthaltung des Herrn achten und diese in seinem Leben abzubilden versuchen darf. Damit wächst die Einfachheit und die Freiheit, die ja in der Liebe selber liegt und besteht; und der Beter wächst immer mehr aus der Welt des Gesetzes, die dem Alten Bund und der Verheißung der Liebe entspricht, in den Neuen Bund hinein, der in der Erscheinung der reinen Liebe besteht, die durch ihr bloßes Dasein und wirksames Strahlen die Gesetze alle mithält und so nicht mehr «unter» dem Gesetz steht.

Das betrachtende Gebet, 117-118

Dankbares und mühseliges Mittun

Es geht [...] um das Wundersame und Unbegreifliche, daß Gott, der meiner in keiner Weise bedarf, sich zu mir herabgeneigt hat, um mir seine ewige Liebe zu erweisen. Er und seine Tat stehen ja ganz offensichtlich hinter dem Kriterium, das er für sein Gericht über uns aufstellt: er hat den geistig Hungrigen und Dürstenden zu essen und trinken gegeben, die Entfremdeten, die Kranken und in ihrer Sünde Gefangenen besucht und die von allen geistigen Kleidern Entblößten bekleidet (Mt 25,35ff.), er hat den Halbtoten am Weg zwischen Jerusalem und Jericho aufgelesen, seine Wunden gepflegt, ihn in die Herberge gebracht (Lk 10,30ff.). Er ist dem verirrten Schaf nachgegangen, bis er es gefunden und auf seinen Schultern heimgetragen hat (Mt 18,12ff.), er hat uns aus reiner mitleidiger Großmut die ganze Schuld erlassen (Mt 18,27). Mit Recht sagt die «Betrachtung zur Erlangung der Liebe» (nn. 230-237), daß «Gott sich wie einer verhalten hat und immer weiter verhält, der mühselige Arbeit verrichtet»: wir erfahren diese Liebe an uns selbst, und sie ist es, die uns als erstes in ein sowohl dankbares wie mühseliges Mittun ausschickt. Genau dieses Mit-Tun mit Gott, das unsere spontane Antwort auf Gottes Praxis an uns ist, lehrt uns das, was so viele suchen, nämlich wie man «Gott erfahren» kann. Nicht primär durch Verinnerlichung, durch aszetische und «mystische» Anstrengungen, durch Abkehr von einer Welt, der Gott sich doch so wirkend und wirksam zugekehrt hat, sondern durch die tätige Übernahme der Bewegung Gottes auf uns zu. Johannes sagt es fast krud: «Wenn einer behauptet: ich liebe Gott, und dabei seinen Bruder haßt, der ist ein Lügner. Denn wer seinen Bruder, den er vor Augen hat, nicht liebt, der kann Gott, den er nicht gesehen hat, (erst recht) nicht lieben» (1 Joh 4,20). Gott hat den offensichtlichen Tatbeweis seiner Liebe gegeben, da er seinen einzigen, einziggeliebten Sohn für uns dahingab, und weil das die Offenbarung dessen ist, was göttliche, absolute Liebe ist, «sind wir verpflichtet, für die Brüder das Leben hinzugeben» (ebd. 3,16).

Homo creatus est, 369-370

Leidensgnaden

Torheit um Christi willen

Für abschließend können die Formeln Ignatius' von Loyola gelten, der bei der ersten Leben-Jesu-Betrachtung sogleich den Finger auf die Nachfolge «im Ausstehen alles Unrechts und aller Schmach und aller Armut» (n. 98) legt, auf dem Höhepunkt der Einübung in eine gelassene Lebenswahl «die vollkommenste Demütigung» fordert, die darin besteht, daß ich «jemehr mit dem armen Christus Armut wünsche und erwähle als Reichtum, jemehr mit dem schmacherfüllten Christus Schmach als

Ehrenerweise, und jemehr danach verlange als ein Tor und ein Narr angesehen zu werden um Christi willen, der zuerst als ein solcher angesehen wurde, denn für weise und klug in dieser Welt» (n. 167).

Die Novizen sollen daraufhin geprüft werden, ob sie «aus allen Kräften zulassen und wünschen, was immer Christus unser Herr geliebt und umfangen hat. Denn wie Weltleute, die auf Weltliches aus sind, mit großer Sorgfalt Ehrenerweise, guten Leumund, einen berühmten Namen auf Erden lieben und erstreben, wie die Welt sie lehrt, so lieben und ersehnen feurig jene, die im Hl. Geist vorangehn und ernsthaft Christus Unserem Herrn nachstreben, das gerade Gegenteil von alldem: nämlich mit dem gleichen Gewand und Ehrenzeichen ihres Herrn aus Liebe und Ehrfurcht zu ihm bekleidet zu werden, sosehr, daß wenn es ohne jede Beleidigung der göttlichen Majestät und ohne Sünde des Nächsten abgeht, sie Schimpf und Schande, falsches Zeugnis und Unrecht erleiden und für Narren angesehen werden möchten, ohne jedoch von sich aus irgendeinen Anlaß dafür geboten zu haben» (Const. 101). An die letzte Klausel haben sich [...] nicht alle Jünger Christi gehalten, und dennoch scheint sie notwendig, wenn der Auftrag zur Torheit in voller Gelassenheit empfangen und nicht voreilig vorweggenommen werden soll.

H III/1/2, 495-496

Dem schmachbedeckten Christus nachfolgen

Nochmals trifft Ignatius genau die Mitte, wenn er die letzte Haltung des Jüngers darin sieht, daß er bei aller Sehnsucht nach der Gnade, dem Herrn auch im Leiden gleichgestaltet zu werden, dennoch die Austeilung der eigentlich christologischen Leidensgnaden einzig dem freien Verfügen Gottes überläßt (nn. 98, 147, 167). Solange diese «Indifferenz» besteht, die den Willen des Herrn höher stellt als alle eigenen Vollkommenheitsprogramme, ist christliche «Nachfolge» nicht in allgemein-ethische «Nachahmung» aufgegangen.

H III/2/2, 184

Die Gnade der dritten Weise der Demütigung

Der Ruf in die offene Liebe hinein ist jeweils ein Selbstangebot der Liebe Gottes an den Gerufenen und trägt als solcher die Möglichkeit nicht nur des Verstehens dieser Liebe, sondern auch der Antwort in sich. Und zwar enthält jede besondere Form der göttlichen Anrede auch die besondere Form und Gnade der Antwort. Daraus wird die sonst nur schwer verständliche Stufung der «Drei Weisen der Demütigung» (nn. 164ff.) in den ignatianischen Exerzitien erst begreiflich. Während die «erste Weise» vom Menschen fordert, sich so weit zu erniedrigen, daß er in allem der göttlichen Weisung gehorcht, sofern sie unter Todsünde verpflichtet, reinigt die «zweite Weise» die antwortende Bereitschaft so, daß einer in voller Indifferenz alles von Gottes Verfügung erwartet und daran durch keine innere Unordnung mehr gehindert wird, so daß er selbst beim Verlust des eigenen Lebens es nicht erwägen würde, eine läßliche Sünde zu begehen. Über diese lautere Bereitschaft hinaus scheint nach des Heiligen eigenen Voraussetzungen keine weitere Stufe mehr möglich zu sein. Trotzdem weist er auf eine «dritte, ganz vollkommene Weise der Demütigung» hin, die «die erste und zweite Weise einschließend, und sofern Lobpreis und Verherrlichung der göttlichen Majestät gleich bleiben, um Christus unserem Herrn mehr nachzufolgen und ihm in der Tat noch ähnlicher zu werden, mehr mit dem armen Christus Armut wünscht und erwählt als Reichtum, mehr mit dem schmacherfüllten Christus Schmach als Ehrenerweise, und mehr danach verlangt, als ein Tor und Narr angesehen zu werden um Christi willen, der zuerst als ein solcher galt, denn als weise und klug in dieser Welt» (n. 167).

Eine solche Wahl des Menschen über die reine Indifferenz hinaus wäre ein Vorgriff gegenüber der göttlichen Wahl und würde so das ganze Fundament der Exerzitien nachträglich aufheben, falls sie nicht Antwort wäre auf eine ausdrückliche oder einschlußweise, laut oder leise kundgetane Wahl Gottes für den, der in dic Lage versetzt ist, diese dritte Weise der Demütigung als eine für ihn in Frage kommende anzusehen. Schon die Hinlenkung des Blickes auf diesen Weg, der ein Weg der Lieblinge Gottes ist, ist eine Gnade, die im Gefolge eines besonderen Angebots Gottes zu diesem Weg hin verliehen wird. Gewiß darf kein Christenleben an diesem Geheimnis der Leidensteilnahme völlig achtlos vorübergehen, da ja «alle, die fromm in Christus leben wollen, Verfolgung erleiden müssen» (2 Tim 3,12); nur wenigen aber ist es gegeben, dieses Geheimnis als das für ihr Leben ausschlaggebende zu begreifen. Das erklärt dann auch, daß viele, denen diese Gnade von Gott angeboten war, den Anruf geflissentlich überhören oder von vornherein durch ihre Lebensführung es Gott verunmöglichen, den an sich ihnen aufgesparten Ruf an sie ergehen zu lassen.

Christlicher Stand, 350-351

Teilnahme an der Passion

Setzen wir nochmals bei Ignatius an und bei seinem Aug-in-Aug zwischen rufendem Meister und nachfolgendem Jünger. Dieses Zueinander kommt her vom paulinischen Glauben an die Stellvertretung des Sünders am Kreuz («moriendum pro meis peccatis» n. 53) und vom Dialog («colloquium»: nn. 53-54, 61, 63) zwischen dem aus

Liebe gekreuzigten Herrn und Freund und dem Lieblosen und Treulosen, der ich bin. Von diesem stärkstens betonten *pro me* springt unmittelbar die Frage heraus: «quid ego ... agere debeam pro Christo» (n. 53), die aber erst beantwortbar wird, wo unbegreiflicherweise der Ruf in die Nachfolge ertönt (nn. 95ff.), der unverwendbare Sünder aufgrund der reinen Kreuzesgnade (und keines Synergismus!) wider alles Erwarten für den Herrn verwendbar werden soll. [...]

Alle Entfaltung des Glaube-Liebe-Ansatzes in der Existenz des katholischen Christen läßt – falls er echt ist – den Ansatz nie hinter sich, sondern faltet sich in seine Tiefe hinein aus: sofern im Kreuz des Sohnes sich die Liebe des Vaters auslegt und der Heilige Geist des Vaters und des Sohnes in seinen Gaben *(dona, charismata)* diese dreipersönliche Liebe in die Existenz des Christen hineinsenkt. Wollte man dieses personale, im Gebetsdialog und im mitmenschlichen Dialog sich auslebende und neu entflammende Glaubensgeheimnis der echten Heiligen als «fromme Psychologie» und damit letzlich als Selbsthypnose beiseite schieben, um sie durch die bloße Beziehung zwischen Glaube und Wort zu ersetzen, so hätte man zweitausend Jahre kirchlicher Spiritualität beiseite gewischt und die Kriterien der Kanonischerklärung christlicher Existenz durch die Kirche als weitgehend irrtümlich hingestellt. Aber zweifellos sind diese Existenzen, wie Schamoni einmal sehr schön und wahr sagt, der eigentliche, vom Geist selbst geschriebene Kommentar der Evangelien.

Es ist seltsam und beschämend für die katholische Theologie, daß kein Theologe je auf den Gedanken kam, die so zahlreichen Dokumente über die Erfahrung der Gottverlassenheit bei kanonisierten und nichtkanonisierten Christen zum Gegenstand einer christologisch-ekklesiologischen Studie zu machen. Es fällt heute wohl weniger als je einem ein, da der katholische Kirchenbegriff (Augustins und der ganzen Tradition) des mitgekreuzigten Leibes und der unter dem Kreuz mitleidenden Braut Christi immer mehr Platz macht der flachen Vorstellung eines Vereins von einzelnen Gläubigen, die, des Leidens Christi sich getröstend, von dessen Früchten zehrend, sich operativ zu Welt und Zukunft verhalten. Erschreckender Substanzverlust! Blindheit für die Abgründe des Leidensmysteriums als echter Teilnahme an der Erlösungspassion – «abundant passiones Christi in nobis» (2 Kor 1,5); «communicantes Christi passionibus» (1 Petr 4,13) usf. – und von Christus her als der furchtbaren Aufgabe, die ihn Liebenden leiden zu lassen (Joh 11,3.21.32; 21,19 usf.).

Spiritus Creator, 86

Die «dunkle Nacht» der Seele als objektiver Trost

Die aufgezeigte Dialektik kehrt wieder in der Dialektik von Trost *(consolatio)* und Trostlosigkeit *(desolatio),* insofern die Tränen, die der Betrachtende bei der Vergegenwärtigung der Passion vergießt, von Ignatius als Trost aufgefaßt werden («Das Gleiche wenn einer Tränen vergießt, die ihn zur Liebe des Herrn bewegen, sei es aus Schmerz über die eigenen Sünden oder über die Passion Christi...» n. 316), was dann aber folgerichtig dazu führen müßte, auch die Dunkle Nacht der Seele, die Trostlosigkeit schlechthin, als eine Form des Trostes zu verstehen. Sie ist es objektiv auch – im Gegensatz etwa zu jenen Formen der Lauheit, Trockenheit und Gottferne, die der Beter seiner eigenen Nachlässigkeit zuzuschreiben hat (vgl. n. 322).

Das betrachtende Gebet, 267

DIE ZEIT DER KIRCHE

«Vierte Woche»

Nachfolge Christi in die Auferstehung

Von Johannes aus öffnet sich die Tür für Ignatius von Loyola und seine Geistlichen Übungen, wo das Christsein wesenhaft als Verfügbarkeit zum Ruf und als Nachfolge Christi durch alle Episoden seines Lebens bis zum Kreuz, aber auch bis zur Auferstehung als Aufgehen in der Kirche hin ausgelegt wird.

H III/2/2, 183-184

Frauen und Männer in der Kirche

Die Erscheinung des Auferstandenen an Maria-Kirche

Die Kirche [...] ist nunmehr die, die am Kreuz begründet worden ist: die Versammlung der Glaubenden um die amtlich Begabten, mit Maria in ihrer Mitte. Ihr, als dem Kern der Kirche, ist der Sohn ohne Zweifel als erster erschienen (n. 299). Sie ist es, die allen andern voraus vom Geist heimgesucht, den Leib des Wortes empfangen hat. Um sie geschart, betet die Kirche, daß ihr geschehe, was urbildlich Maria geschehen ist. Und Maria selbst betet neu um das Ereignis; sie betet jetzt *als* Kirche, als Mittelpunkt der Gemeinschaft der Heiligen, daß die in Kreuz und Auferstehung vollendete Menschwerdung des Wortes sich der ganzen Gemeinschaft mitteile.

Der dreifache Kranz, 73-74

Ostertag

Aufgestört werden im Evangelium [des Ostertages, Joh 20,1-18] die beiden wichtigsten Jünger, Petrus, das kirchliche Amt, und Johannes, die kirchliche Liebe, durch Maria von Magdala, die als erste das offene Grab erblickt hat. Beide Jünger eilen hin, «zusammen» heißt es, und doch nicht zusammen, weil die Liebe schneller, unbeschwerter ist als das Amt, das sich um vieles kümmern muß. Aber die Liebe läßt zur Prüfung dem Amt den Vortritt, erst Petrus sieht das zusammengelegte Schweißtuch und urteilt, daß hier kein Diebstahl vorliegen kann. Dies genügt, um die Liebe einzulassen, die «sieht und glaubt», nicht eigentlich an die Auferstehung, sondern an die Richtigkeit von allem, was mit Jesus vorgegangen ist. Bis hier gelangen die beiden symbolischen Vertreter der Kirche: Es ist mit rechten Dingen zugegangen, der Glaube an Jesus ist trotz allem Nicht-Durchschauen der Lage gerechtfertigt.

Zum wahren Auferstehungsglauben wird dieser erst für die Frau, die nicht «nachhause geht», sondern beharrlich am Ort, wo der Tote entschwand, nach ihm sucht. Die leere Stelle wird licht, ausgemessen durch die beiden Engel zu Häupten und zu Füßen. Aber die lichte Leere genügt der Liebe der Kirche nicht (hier steht wohl die absolvierte Frau für die Frau schlechthin, für Maria, die Mutter): sie muß das Einziggeliebte haben. Sie erhält es im Anruf Jesu: Maria! Damit ist alles übererfüllt, der gesuchte Leichnam ist der ewig Lebendige. Aber nicht zugreifen, denn er ist unterwegs zum Vater: die Erde soll ihn nicht festhalten, sondern Ja sagen, wie zu seiner Menschwerdung, so jetzt zu seiner Rückkehr zum Vater. Dieses Ja wird zum Glück der Sendung zu den Brüdern: Geben ist seliger als für sich Festhalten. Die Kirche ist im tiefsten Frau, als Frau umfaßt sie sowohl das kirchliche Amt wie die kirchliche Liebe, die zusammengehören. «Die Frau wird den Mann umgeben» (Jer 31,22).

Licht des Wortes, 61-62 (53)

Das marianische Prinzip in der Kirche

Am Kreuz hat der Sohn seine Mutter in die Kirche der Apostel hinein verfügt, dort ist fortan ihr Platz. Verborgen durchwaltet ihre jungfräuliche Mütterlichkeit den ganzen Raum, verleiht ihm das Lichte, Wärmende, Bergende. Ihr Mantel macht die Kirche zum Schutzmantel. Es bedarf keiner besonderen Gebärde ihrerseits, damit wir auf den Sohn und nicht auf sie schauen. Ihre Magdlichkeit offenbart ihn. So kann sie auch den Aposteln und ihren Nachfolgern zeigen, wie man zugleich ganz wirksame Gegenwart und ganz ausgelöschter Dienst sein kann. Denn die Kirche war in ihr schon da, ehe die Männer ins Amt eingesetzt wurden.

Klarstellungen, 72

Gehorsam

– als Nachfolge

Die Nachfolge ist für Ignatius zentral Gehorsam, aber ein Gehorsam ursprünglich feudaler Gefolgschaft (vgl. nn. 91ff.), wie sie im spanischen König- und Rittertum weiterlebt, wie er es in seiner Jugend, verbunden mit spätmittelalterlichem Minnedienst gekannt hat. Dieser Gefolgschaftsgedanke ist bei ihm personal verinnerlicht, der beginnenden Neuzeit entsprechend: Treuegelöbnis ist die dem adeligen Herzen anstehende Antwort auf die unmittelbare Betrachtung des Lebens unseres Herrn. Die Geistlichen Übungen erfolgen Aug in Auge zwischen Christus und dem Einzelnen, der schwierige Punkt liegt nachher: beim Einbau dieser Gefolgschaftshaltung in das Zweckhafte der kirchlichen Hierarchie; der Sendungsbefehl des Papstes als des höchsten Obern der Gesellschaft (Form. Instituti Nr. 2) wird unmittelbar als Befehl Christi gehört und befolgt. Personaler Gehorsam, der sich ein- und unterordnet der kirchlichen Amtlichkeit: als großartiger letzter Selbstverzicht, aber mit der möglichen Gefahr eines Abgleitens der Treue- und Gefolgschaftshaltung in impersonale Verzwecklichung, wie sie tatsächlich erfolgte beim Absturz der Deutschritteridee in das Preußen der Hohenzollern und des kantischen Imperativs.

Gehorsam als Vollzug der innersten bräutlichen Haltung der Kirche selbst Christus gegenüber wäre höchste Idee und Kern der Nachfolge: ecce ancilla. Gehorsam, von dieser innersten Haltung abgelöst (vielleicht mehr durch die befehlende als durch die gehorchende Instanz) und schlechthin als Werkzeug in den Dienst der Hierarchie als solcher gestellt, kann und muß Anlaß zu Mißbräuchen geben. Diese liegen der Konzeption des Gründers fern, der bei all seinem Realismus doch stets der Kirche ihre Idealität unterstellt; sie können aber von der verborgenen Spaltung in der gegenreformatorischen Kirche her drohen [...]. Ignatius hat dennoch den evangelischen Nachfolgegedanken wie kein anderer lebendig bis in die Gegenwart übermittelt, indem er weder die Person des Nachfolgers zum Maßstab nahm, noch diese in der Funktion untergehen ließ, sondern genau die höhere Mitte der lebendigen christlichen Form anzielte, die die Person (nach der «Höllenfahrt der Selbsterkenntnis» in der Ersten Woche) für den Dienst am Herrn gefangennimmt und ihr dadurch die wahre Freiheit schenkt.

Sponsa Verbi, 138-139

– als Paradox

Die verschiedenen Formen der Flucht aus dem schmalen, steilen Charisma, das Ignatius geschenkt ward, [...] zeigen, wie exponiert der Punkt der ignatianischen Transzendenz ist. Man kann sie wohl auf den Namen «Gehorsam» taufen, wenn man darin das ganze Paradox unverengt einbirgt. Er ist zuerst Gehorsam an Gott, jenseits von Passivität und Aktivität: Akt, der alle Verstandes-, Willens- und Gemütskräfte aufs beste reinigt und aufs höchste anspannt, um dem ewigen freien Liebeswillen so gut wie möglich zur Verfügung zu stehen. Er ist sogestalt glaubender Anschluß an den Gehorsamswillen Christi zum Vater, und ebendarin Anschluß an den Glaubensgehorsamsgeist der Braut Kirche zu Christus, die in ihrem Glaubensgehorsamsgeist unsere Mutter und Prägerin ist. Es ist ein Gehorsam jenseits von Helle und Dunkelheit, von Sehen und Blindheit, denn das «Blinde» am Gehorsam bezieht sich nur auf «mein» Sehen («Ich glaube, daß das Weiße, das ich sehe, schwarz ist, wenn es die Hierarchische Kirche so definiert», n. 365), während der Gehorsam selbst – als «Brandopfer der eigenen Einsicht» (Briefe, 248) – mich mit der Kirche mitsehen läßt, was ich in mir selber nicht sehe. Die Angleichung an den Akt der Kirche (konkretisiert in dem von ihr anerkannten Obern) ist als hier und jetzt inkarnierter christologischer Gehorsam das verwirklichte Wagnis der Transzendenz und die eigentliche metaphysische Tathandlung.

H III/1/2, 466

– als dritte Weise der Demütigung

In einer kirchlich durchaus möglichen, durchaus vorgesehenen und legitimen Situation, in welcher zwei Ansichten sich in guten Treuen gegenüberstehen [...] liegt die rechte Lösung des Konflikts [...] grundsätzlich und in jedem Fall beim Gehorsam an Gott. Der Obere, der sich mit Gott nie verwechseln wird, ist die via ordinaria der Kundgabe des göttlichen Willens, er ist nicht die via exclusiva. Gott bleibt frei, sich des Menschen – und gerade dessen, der sich in der Lebensform der Räte ganz zur Verfügung stellen wollte – nach seinem Wohlgefallen so zu bedienen, wie er will. Ordensleben ist ja nicht Eingelaufensein in einen sicheren Hafen, sondern Stehen und Bleiben im «Heraus aus deinem Land!» (Gen 12,1) und im «Alles-verlassen» (Lk 5,11.28; vgl. n. 275); und Ordensgehorsam ist ja nicht der tote Winkel, wo das Wehen des Geistes uns nicht oder höchstens noch indirekt trifft, etwa weil der Gehorsam uns der letzten Selbstverantwortung vor Gott enthöbe. Und welcher Orden weiß und redet mehr von Werkzeuglichkeit und Verfügbarkeit zu Gott (nicht nur seiner Mitglieder, sondern seiner selbst) als der Jesuitenorden?

Soll das nicht Phrase sein, so muß der Jesuit grundsätzlich immer bereit sein, einen neuen, auch unerwarteten Ruf zu hören und zu befolgen, der aus gewohnten, liebgewonnenen Formen herausführt. Andere Gesichtspunkte als der des schlichten, aber wirklichen Gehorsams fallen dann nicht in Betracht; ob es leicht oder schwer sei, ob es verstanden werde oder nicht, ob die Aussichten auf Erfolg sich erfreulich oder düster gestalten, ob die Nacht des Gehorsams im Bleiben oder die Nacht des Gehorsams im Gehen die tiefere sei: was kümmert es den, der den Willen des Herrn sucht? Und wenn sich dabei Exerc. n. 167 fast notwendig verwirklicht, so wird er es, im Innersten dankbar, empfangen, aber nochmals: was geht es ihn an? Gott aber sorgt dafür, daß solcher Gehorsam, wenn er kindlich und nicht «heroisch» und überheblich geleistet wird, auch nicht an den Rand gerät, sondern ins Fundament der katholischen Kirche hinein.

Abschiedsbrief, 404-406

Trinitarisch – christologisch – marianisch

Alles spielt bei Ignatius in einer Theologie des *Gehorsams*: nicht primär des Menschen, sondern Christi gegenüber dem Vater, somit in der Theologie eines trinitarischen Gehorsams, entsprechend der trinitarischen Deutung bei den griechischen Vätern des Wortes «der Vater ist größer als ich» (Joh 14,28). Dieser trinitarische Gehorsam wird objektiv im Gehorsam Christi der Welt gezeigt und geschenkt, und durch Christus primär der Braut Christi, der Kirche, die ihren Ursprung und bleibenden fruchtbaren Schoß in Maria besitzt. Darum ist die erste Kontemplation des Lebens Christi bei Ignatius explizit marianisch (nn. 101ff.); und der Schluß des Büchleins, die «Regeln über die kirchliche Gesinnung» sind implizit marianisch, sofern der ganze kirchliche Gehorsam unter das Vorzeichen der «Bräutlichkeit der Kirche» (nn. 353, 365) gestellt wird. Die bevorzugte Gebetsform ist ebenfalls marianisch, sofern sie der objektiven Gnadenspendung von Gott durch Christus durch Maria (nn. 62-63) sich subjektiv einfügt. Der Gehorsam des Einzelnen ist somit trinitarischer, christologischer, marianisch-ekklesiologischer Gehorsam, unterstehend den Regeln des Gespürs für den nicht bloß allgemein-ganzhaft, sondern personal je-jetzt sich offenbarenden Wahlwillen Gottes (n. 95), den Regeln des personalen Verkehrs zwischen christlicher Seele und Gott, wie Ignatius sie in den «Regeln zur Unterscheidung der Geister» (nn. 313-336) grundlegt, damit ein wesentliches, lange unterbrochenes Stück Vätertheologie neu aufgreifend.

Exerzitien und Theologie, 232

Kirchliche Gesinnung

Die Mitte des Fühlens mit der Kirche

Mit den Wandlungen vom Mittelalter zur heutigen Zeit hat sich auch das Fühlen mit der Kirche, das sentire cum Ecclesia, verändert. Zwei Dinge sind gleichzeitig entstanden und sollten gleichzeitig gesagt und gesehen werden: daß die aus einer splendid isolation heraustretende, in das Gewühl der Zeit sich begebendeKirche eine neue Fühlung mit den Sorgen und Hoffnungen der Menschheit im ganzen erhält, und daß der Einzelne, der Laie zumal, je mehr er selber kirchliche Verantwortung übernimmt, um so mehr mit der Kirche, ja noch tiefer, als Kirche fühlt. An beidem erkennt man, wie wenig es bei diesen Wandlungen um grundsätzlich Neues geht, wie sehr nur ältestes Gut der Überlieferung gehoben, gereinigt und neu in Gebrauch genommen wird.

[...] Der Laie, das Glied der Kirche überhaupt, fühlt, je mehr christliche und das heißt kirchliche Verantwortung er übernimmt, sich um so stärker als Kirche. Die Kirche ist ja kein universale ante rem: sie ist ganz in ihren Gliedern verkörpert, wie die Menschheit in jedem Menschen, auch wenn nicht alle Glieder die Kirchennatur in der gleichen Weise ausprägen (wie ja Mann und Frau oder Jugend und Alter verschiedene sich ausschließende Darstellungen der einen und gemeinsamen Natur sind). Weil Kirche, auch als soziale, immer dort ist, wo ein wirklicher Christ ist, und je reiner sein Christsein aufstrahlt und sich verkörpert, um so reiner strahlt auch die Idee der Kirche hervor: darum ist in der leiblichen Mutter und geistlichen Braut des Herrn, in Maria, die Kirche in ihrer reinsten Idee vorhanden. Wer deshalb von «kirchlicher Gesinnung» spricht, der muß die Gesinnung meinen, die

Maria erfüllte, sofern sie der Inbegriff der Kirche als gelebte Wirklichkeit ist. Auf diese Mitte zurückzugehen ist darum so wichtig, weil damit jeder Anschein zerstört wird, «kirchliche Gesinnung» sei ein Losungswort primär für die hörende Kirche in ihrem Verhältnis zur lehrenden Kirche. Gehorsam ist nicht ein Attribut des «Kirchenvolkes» allein, sondern das Attribut der Ecclesia als ganzer, lange vor ihrer Differenzierung in einen lehrenden und einen hörenden Teil, der Ecclesia-Maria als der Magd des Herrn, der nach dem Worte des Herrn geschieht, die alle Worte des Herrn in ihrem Herzen bewegt, um sich davon zu ernähren, zu Füßen Jesu sitzt und den besten Teil erwählt hat, ihre Salben-urne zerbricht, um dem Bräutigam als Salböl zu dienen, schweigend unter dem Kreuz steht, um in die Mysterien aller Fruchtbarkeit eingeführt zu werden. Kirchlicher Gehorsam ist im Ursprung und in der Wahrheit der Gehorsam der Kirche gegenüber ihrem Herrn; darum ist Fühlen mit der Kirche das In-sich-Fühlen dieses Gehorsams der Kirche.

Nicht von ungefähr ist deshalb bei Ignatius von Loyola, in seiner ersten «Regel über das Fühlen mit der Kirche» (nn. 352-370), der Gehorsam gegenüber kirchlicher Autorität gebunden einerseits an die Bräutlichkeit, anderseits an die Mütterlichkeit der Kirche: «Indem wir jedes private Urteil beiseite lassen, müssen wir den Geist bereit und willig halten, in allem der wahren Braut Christi unseres Herrn zu gehorchen, die da ist unsere heilige Mutter, die hierarchische Kirche» (n. 353). Die hierarchische Kirche (die etwas anderes ist als die Hierarchie in der Kirche) kann den Auftrag der Lenkung ihrer Glieder aus nichts anderem her erhalten als aus ihrer Unterwürfigkeit gegenüber dem sie lenkenden Herrn und Geist, und sie kann diesen Auftrag nicht anders ausführen, als indem sie ihren Gliedern diesen Geist der Dienstschaft vermittelt.

Daß sich diese innerste hierarchische Gesinnung außerdem sichtbar und äußerlich darstellt in einem Gehorsam gegenüber der Hierarchie, ist für den Katholiken selbstverständlich: es ist die Probe auf das Vorhandensein der innern Gesinnung, wie sie einer Ordnung der Menschwerdung voll entspricht, es ist sogar die einzige Weise, wie die Absolutheit, Totalität und Grenzenlosigkeit des Gehorsams Christi gegenüber dem Vater, wodurch er die Welt erlöst hat, in seinem mystischen Leib und in dessen Gliedern ernsthaft abgebildet und nachgeahmt werden kann. Und man beachte, daß der (für einen Protestanten schwer erträgliche) Begriff einer unmittelbaren «Nachfolge Christi» im Gehorsam und somit in der Ordnung der Miterlösung dialektisch gebrochen und in die nötige Distanz der Ehrfurcht gebracht wird eben durch die Vorstellung der marianischen Magdhaftigkeit der Gesamtkirche: in der Gesinnung und Fühlung der Mutter des Herrn ist es genug, bereit und zu allem verfügbar zu sein, auch wenn das Zeichen zum Aufbruch auf den Kreuzweg gegeben wird, ohne daß deshalb das anspruchsvolle Wort einer «Nachfolge Christi» zu fallen braucht. Weder ist der Gehorsam Marias ein betonter, neben dem Gehorsam des Sohnes thematisch hervortretender, sondern ein ganz und gar sekundärer, sekundierender und in diesem Sinn nachfolgender, noch kann deshalb ihr Herrschen (als Königin des Himmels und Herrin Ecclesia) neben dem Herrschen des Sohnes thematisch werden, als eine andere, zweite, unter- oder nebengeordnete Instanz, der man *auch* zu gehorchen hätte, sondern alles erschöpft sich im Hinweis auf den Sohn. Man könnte dagegen einwenden, daß die Autorität der hierarchiebildenden Männer in der Kirche unmittelbar von Christus stamme (DS 3053) und in keiner auch nur indirekten und vermittelten Weise über Maria gehe, die mit der kirchlichen Hierarchie als Frau nichts zu tun hat. Aber auch die Hierarchie und ihre ausgesprochen männlichen Funktionen bleiben eingeschlossen innerhalb der dienenden Weiblichkeit der Gesamtkirche, der Gebärenden von Apokalypse 12 (die auch die Männer mit ihren Ämtern gebiert), und der Gattin des Lammes, deren Idee und Realsymbol Maria ist, und die auch noch den Charakter und Tenor hierarchischen Ordnens und Befehlens ordnen und ihm befehlen muß.

Schleifung der Bastionen, 73-77

Teilnahme an der Gesinnung der Kirche als Magd und Braut

Augustinus kennt die Notwendigkeit der Gläubigen, sich nicht nur Gott, sondern auch der Kirche zu verdanken, ebenso die Pflicht, in die Liebe der «Taube» hineinzuwachsen; doch geschieht dies für ihn nicht dadurch, daß man sich diese heilige Kirche zum Gegenstand seiner Liebe aussieht, sondern daß man an ihrer Realität und ihrer Gesinnung ihrem Herrn und Bräutigam gegenüber Anteil zu nehmen beginnt. [...]

Der sichtbare, institutionelle Aspekt der «Taube» wird selbstverständlich von dieser Liebe mitgetragen und umfangen, auch in seiner nicht unmittelbar personalen, sondern materiellen Realität: diese ist etwa beim Wort Gottes der Buchstabe, beim Sakrament das Wasser, das Brot, der Wein, beim Amt das institutionelle, juristische Moment. All das wird in der kirchlichen Liebe so einbezogen, wie etwa ein Mensch seine Heimat liebt: eine Landschaft, der er sich indirekt mitverdankt, weil hier das Haus seiner Eltern gestanden hat, weil hier die Sprache gesprochen wurde, die seine Erzieher und Freunde gesprochen haben usf. Inneres und Äußeres läßt sich in menschlichen Verhältnissen und in einer Religion der Menschwerdung nicht adäquat scheiden. Und wenn die Kirche an ihren

Rändern schwer erträglich und leicht kritisierbar wird, so müßte das notwendige «Ertragen des Unerträglichen» und dessen eventuelles Kritisieren noch immer aus der Gesinnung der Mitte, der «pax» und «unitas caritatis» her geleistet werden. Das heißt nun gerade nicht, daß die einzelnen Aspekte der Kirche als Institution zu Gegenständen einer reflexen Liebe gemacht werden: dies könnte geradezu dem tieferen kirchlichen Geist widersprechen.

Anders scheint Ignatius von Loyola in seinen «Regeln über das Fühlen mit der Kirche» (nn. 352-370) zu reden, denn hier reiht er eine ganze Litanei von katholischen Gegenständlichkeiten auf, die man «loben» soll: all die Dinge, die von der Reformation über Bord geworfen worden waren: häufigen Sakramentenempfang, liturgische Andachten, evangelische Räte und Gelübde, die diese betreffen, Reliquien, «Stationsandachten, Wallfahrten, Ablässe, Jubiläen, Kreuzzugsbullen und das Anzünden von Kerzen in den Kirchen», Fasten, äußere Buße, Kirchenschmuck, Bilderverehrung usf. Sieht man näher zu (und erkennt man auch den blitzenden Humor in dieser Aufzählung), so geht es um eine Grundhaltung: die gehorsame Bereitschaft gegenüber «der wahren Braut Christi, die da ist unsere heilige Mutter, die hierarchische Kirche», und ihre Verfügungen, «stets bereiten Geistes, um Gründe zu ihrer Verteidigung zu finden und in keiner Weise zum Widerstand gegen sie» – und das auch angesichts der Mißstände (n. 362), die nicht durch öffentliche Kontestation, sondern nur durch klugen persönlichen Einsatz wirksam gebessert werden können. Das Landschaftliche und Atmosphärische wird nicht in seiner kruden Materialität verteidigt, sondern als «Lebensraum» um das Mutterhaus und in ihm; und es ist kennzeichnend, daß Ignatius nicht von «Liebe *zur* Kirche» spricht, sondern von Bereitchaft zu ihr hin, offenbar um selber in ihre Liebe zu

Christus – und durch Christus zu allen Menschen – einbezogen zu werden.

Pneuma und Institution, 188-189

«Der gleiche Geist...» (n. 365)

Die Norm kann im Fall des Christen nicht das eigene Gutdünken sein, auch nicht eine allgemeine ethische Erwägung. Die Norm muß vielmehr, weil es um die Befolgung des höchsten gottmenschlichen Beispiels geht, selbst eine göttliche, und weil es um die Anwendung einer personalen Nachfolge geht, selbst eine personale sein. Eine solche Norm kann nur der Geist sein.

[...] Sein Werk ist nicht subjektive Willkür, denn er ist ja der Geist Christi, der Geist des Logos selber. So frei er weht, wo er will, so sehr redet er doch nicht aus Eigenem, sondern legt nur aus, was des Herrn ist (Joh 16,13-14). Er selbst ist in seiner Auslegung nicht nur subjektiver, personaler Geist, sondern objektiver, ja absoluter Geist, der in sich einen ganzen Kosmos überpersönlicher Wahrheit enthält. Er ist zuerst der Gestalter und Beleber der von Christus gegründeten und aus seiner am Kreuz geopferten Menschheit hervorgegangenen Kirche. Die paulinische Parallele zwischen diesem Hervorgang und demjenigen Evas aus Adam (der diesen allein berechtigt, vom «einen Fleisch» zu reden: Eph 5,31-32), läßt die Kirche selbst schon als eine Objektivierung Christi erscheinen. Alles in ihrer Wesensstruktur ist aus seinem innersten Geiste gebildet. Sie verkörpert den Sinn seines Kommens, seines Daseins und Soseins. Sie ist mit ihren Organen und Instrumenten ein getreues Nachbild seiner Menschheit, ein Wesen, darin er sich selber erkennt und dem er, Vater und Mutter verlassend, anhängen kann, um *ein* Fleisch zu werden. Dieses Fleisch, diese Braut wird ihm zugestaltet durch den Heiligen Geist. Sie ist nicht nur ein formaler

Rahmen, innerhalb dessen die persönlichen Gestaltungen und Inspirationen des Geistes den Einzelnen gegenüber sich ereignen, sie ist mit ihrem unverbrüchlichen Glauben so etwas wie das Gesamtbewußtsein aller Glaubenden, das zwar nicht außerhalb der einzelnen Personen und getrennt von ihnen existiert, aber dennoch nicht mit den Einzelnen identisch ist und sich nicht aus deren Summierung ergibt.

Es gibt im Einzelbewußtsein den Punkt, wo das sentire cum Ecclesia übergeht in das sentire Ecclesiae, das seinerseits nicht adäquat trennbar ist vom sentire Spiritus Sancti. So viel ist, ohne Spekulation, gesichtet, daß das sentire cum Spiritu Sancto sich niemals außerhalb oder am Rande des sentire cum Ecclesia und somit am sentire Ecclesiae vorbei begibt. Dieses ist die subjektive Gesamtnorm und damit die das Einzelsubjekt übersteigende Regel der Universalisierung des Lebens Jesu durch den Heiligen Geist.

Theologie der Geschichte, 76-78

VON DER KIRCHE IN DIE WELT

DIE BETRACHTUNG ZUR ERLANGUNG DER LIEBE

«Gott in allen Dingen finden» lernen

Die Kirche ist es, die uns in ihrem eigenen Selbstüberstieg lehrt, «Gott in allen Dingen zu finden» (vgl. Briefe, 206 und öfter). Ihn nicht nur mühsam zu suchen wie ein Goldstück in einem Schrotthaufen, sondern zu finden als den, der vor mir immer schon hier war. [...] Dank der Universalität nicht nur der Allgegenwärtigkeit Gottes in der Welt, sondern auch seiner Heilsabsichten mit ihr, sind wir im weltlichen Alltag nicht ferner von Gott als in unserem Gebet oder kirchlichen Gottesdienst. Nur müssen wir die objektiv bestehende Verbindung auch subjektiv realisieren, und dies am besten von unserer Betrachtung aus. Sie erlaubt uns, ihre Inhalte dort wiederzuerkennen, wo sie auf den ersten Blick nicht erkennbar sind. Auf Christi Wort hin, das jedermann kennt, werden wir ihn in seinen «geringsten Brüdern» (Mt 25,40) wiederfinden: den Hungrigen, Dürstenden, Fremden, Nackten, Kranken, Gefangenen, in allen, die diesen gleichen und vornehmlich in unseren Feinden.

Aber wie können wir ihn in den Satten, Wohlbehausten und Gutgekleideten, den sportlich Fitten, den freien Bürgern und allen in ihrer Installation Befriedigten wiedererkennen – außer wir sähen in ihnen noch geringere Brüder, die sich ihres Hungers und Durstes, ihrer Fremdheit und Bedürftigkeit ebensowenig bewußt sind wie das unselige Laodicea der Apokalypse: «Du sagst: ich bin reich, habe Überfluß, brauche nichts, und du weißt nicht, daß du elend, erbärmlich, arm, blind und nackt bist. Wärest du kalt oder warm, aber weil du lau bist, so will ich dich ausspeien aus meinem Munde.» Und doch wird gleich darauf diesem gleichen Laodicea gesagt: «Alle, die ich liebe, weise ich zurecht und züchtige sie» (Offb 3,16f.). Der Meditierende muß dieser doppelten Artikulation Jesu folgen: strengste Züchtigung – aus Liebe. Auch er darf enthüllen, die Krankheiten beim Namen nennen, ohne sie zu verschönen, aber in der Gesinnung seines Herrn, aus Liebe. Erkennt er doch in diesen allzu weltlichen Alltäglichkeiten immer wieder die «Vielen» (Mt 26,28 par), für die Jesus gestorben ist. Und gerade ihre selbstzufriedene Gottentfremdung ist es, was er auf sich genommen und in ihrem innern Grauen durchgelitten hat.

Deshalb nennt sich die erwähnte letzte Exerzitienmeditation, die uns aus der Kirche in die Welt führt, die «Betrachtung zur Erlangung der Liebe» (nn. 234ff.).

Christlich meditieren, 79-81

Verfügbarkeit für den universalen göttlichen Plan

Die Endbetrachtung der Exerzitien (nn. 230ff.) öffnet die Leben-Jesu-Betrachtungen zu einer Betrachtung der kosmischen Dimensionen des göttlichen Weltplans und stellt sich je neu Gott für dessen Durchführung zur Verfügung: neben dem Angebot «suscipe, Domine» – «nimm, was ich biete, entgegen» – steht das andere Wort: «sume»: raube und verzehre selbst, was ich vielleicht nicht anzubieten wage, was sich in meinem individuellen Dasein nicht deiner universalen Absicht fügen will. Der einzelne Meditierende wird im Ansichtigwerden der Weite der göttlichen Hingabe aus seinem vermeintlich geschlossenen Selbstsein herausgesprengt, nicht in einer Zerstörung seines Personseins, sondern in dessen Erfüllung: in die der Kreatur erreichbare Angleichung an das reine Für-die-andern-Sein im innergöttlichen, trinitarischen Geheimnis.

Christlich meditieren, 77-78

Die Bewegung der Betrachtung

Göttliche Immanenz in allem geschaffenen Sein

Das Zueinander von Gott und Welt hat, noch vor allen Gedanken an kirchlichen Dienst, eine kosmische Weite, die in der Schlußbetrachtung der Exerzitien (nn. 230-237) durchaus areopagitische Klänge annimmt (vgl. Przywara III, 369-407). Derselbe Ignatius, der schon zur Zeit seiner Bekehrung «den größten Trost empfängt, wenn er sehr häufig und jeweils lange Zeit hindurch den Himmel und die Sterne betrachtete» (Bericht, 11), und der franziskanisch barfuß «laut über die Felder hin jubelnd» (ebd. 79) dahinpilgern kann, vertieft diese Weltschau zu einer vierfachen Beschauung der Immanenz Gottes in allem geschaffenen Sein: er ist darin als der Schöpfer, der durch alle Gaben als der sich selber nähernde Geber anbietet (n. 234), er ist zweitens darin als der Wohner, der im Sein als Ursein, im Leben als Urleben, im Fühlen als archetypisches Fühlen, im denkenden und wollenden Geist als Urgeist anwest und waltet, schon auf der Ebene der Natur und erst recht in der Übernatur, die das Geschöpf zum Tempel und zur Monstranz Gottes heiligt (n. 235). Er ist drittens darin als der «sich-Mühende» (n. 236), dessen mühselige Weltarbeit auf allen Wirklichkeitsstufen der Weltentfaltung und zuhöchst in der gottmenschlichen Passion jeder Vorstellung eines Unbeteiligtseins Gottes an der Welt ein Ende bereitet. Er ist viertens, zugleich nach Jakobus (3,17) und nach Plotin, die väterliche Sonne des Guten, von der her jedes Gute absteigt, so daß zuletzt doch wieder alle Gott gegenüber sich verhärtenden Geistsubjekte aufgelöst werden in ein Mitquellen mit dem ewigen Quell und ein Mitstrahlen mit der ewigen Sonne (n. 237).

H III/1/2, 461

– Der sich durch seine Gaben mitteilende Schöpfer

Zunächst soll (n. 234) erwogen werden, daß alles, was so breitspurig und gespreizt sein weltliches Hiersein bekundet, pures Geschenk ist, und zwar nicht aus einer unberührbaren Höhe herab gereicht, sondern von einem Gott, der sich in seiner Gabe so tief herabläßt und so sehr veräußert, als er nur kann. Schöpfung, Stand der Gnade, Tat der Erlösung werden hier nicht mehr unterschieden; sie können auch nicht unterschieden werden, weil die Absicht Gottes, sich bis zuletzt mitzuteilen, eine unteilbare ist.

Deshalb kann der Meditierende im bloßen Dasein der Dinge schon die ganze Haltung Gottes wahrnehmen. Es mag leichter sein, wenigstens scheinbar, sie in den Herrlichkeiten einer unberührten Natur zu finden – Wald, Berge, Wüste, Meer... –, aber warum sollte er nicht auch in der vom Menschen gestalteten Landschaft, der oft häßlichen, in seinen Werken, den oft lästig zudringlichen, gefunden werden können: als Gottes geduldiges Raumgewähren für die Erfindungen seiner Geschöpfe? Was von dieser Geduld und Großmut von vielen als Abwesenheit und Leere empfunden wird, ist für den christlich Meditierenden gnadenvolle Nähe, die sich im Gewährenlassen immer auch als Begleitung, als gütiges Vorsehen, als erbarmendes Nachsehen, als rücksichtsvolles Sich-nicht-Aufdrängen äußert.

Und gerade in diesem Gewährenlassen, das Gott gibt und begleitet, ersieht der Betrachter, sofern er Jesus

Christus kennt, daß der Schöpfer «in seiner göttlichen Herablassung, soweit er es nur vermag, sich selbst mir zu geben» trachtet, und dabei verlangt, daß wer die Geschenke der Freigabe und ihrer Begleitung durch Gott erhält, seinen eigenen geschöpflichen Raum seinerseits Gott zur Verfügung stellt.

Christlich meditieren, 81-82

– Der in aller natürlichen und übernatürlichen Wirklichkeit Wohnende

Der zweite Schritt (n. 235) wird die gewährte Gnade Gottes tiefer erwägen: wo könnte ein Raum sein, den Gott freigibt, um ihn mit seinen Geschenken zu erfüllen, wenn nicht in ihm selbst? Was könnte «außerhalb» seiner sein, da er doch jeden Raum erfüllt? Der Meditierende muß demnach realisieren, daß Gott selbst in dem Freigesetzten wohnt – mag es Stein oder Pflanze, Tier oder Mensch sein – oder, was dasselbe ist, daß alles Geschaffene, in sein Eigensein Entlassene nirgends anderswo wohnen kann als in Gott? In den Räumen, die seine Freiheit besitzt, um sie andern zu gewähren? Man kann von seinen «Werken nach außen» sprechen, sofern das Erwirkte nicht er selbst ist, aber wo sollten diese Werke sein, wenn nicht innen in ihm, dem Dreifaltigen, der also Hingabe ist des Vaters an den Sohn (denn der Vater hat alles um des Sohnes willen erschaffen), des Sohnes an den Vater (dem er das vollendete Weltreich zu Füßen legen wird), des Heiligen Schöpfergeistes an beide (deren Liebe er ist und die er ewig verherrlichen will)? Der Meditierende, der durch Christus um den dreieinigen Gott weiß, wird sein Einwohnen in den Geschöpfen deuten nach den Spuren oder ausdrücklicher werdenden Bildern dieses innergöttlichen Hingabewesens, die er in Anlage und Drang und Sehnsucht alles Geschaffenen entdecken wird. Das Bild kann durch den sündigen Egoismus des Geschöpfs getrübt und verschüttet und bis in ein dämonisches Gegenteil pervertiert sein, aber auch in allen Verzerrungen bleibt es erkennbar als der eigentliche Sinn des geschenkten Daseins: es hat sein Selbstsein im Fürsein.

Die unentwirrbare Vielfalt menschlichen Lebens wird in endlosen Abwandlungen immer wieder diese Grundgestalt durchscheinen lassen, die nur dann paradox, vielleicht sogar widersprüchlich erscheint, wenn man um Gottes trinitarisches Wesen nicht weiß. Der Betrachtende aber, der im Glauben davon Kenntnis hat, kann zumindest für sich selbst, als Antwort auf sein eigenes Bildsein, dieses Selbstsein durch Fürsein erstreben und es, soweit er es vermag, auch andere als das einzig Erstrebenswerte erkennen lassen.

Christlich meditieren, 82-84

– Zwiegespräch Gottes und der Welt: ein Drama

Dies alles, so zeigt uns der *dritte Schritt* (n. 236), ergibt sich keineswegs von selbst; die Zwiesprache zwischen Gott und seiner Welt, der unendlichen und der endlichen Freiheit, ist ein Drama in zahllosen Akten, in das Gott sich selber einläßt: Beweis dafür ist letztlich das Kreuz. «Erwägen, wie Gott sich anstrengt und sich müht um meinetwillen in allen geschaffenen Dingen, sich wie einer verhält, der mühselige Arbeit verrichtet.» Viele sehen vor lauter Schlachtendampf der Weltgeschichte den Einsatz Gottes nicht mehr oder vermuten, er throne als Zuschauer erhaben-gleichgültig über dem Ganzen. Und ihre Meditation ist dann oft der Versuch, sich aus der Schlacht an einen göttlich-sichern Ort zu retten. Sie vergessen, wie sehr der mühselige Einsatz Gottes schon im Alten Testament sichtbar ist, wo Gott als ein zürnender, seine Schöpfung bereuender, strafen wollender und sich doch immer wieder erbarmender erweist: «Mein Herz dreht sich um in mir und mein ganzes Eingeweide entbrennt: Nein, ich lasse meinem Grimm nicht freien Lauf, nein, ich zerstöre Ephraim nicht, bin ich doch Gott und nicht ein Mensch» (Hos 11,8-9). So nimmt Gott schließlich die ganze Last auf sich, indem er seinem vielgeliebten Sohn erlaubt, sich bis zum Tod am Schandpfahl zu erniedrigen, selber zum «Fluch» und zur verkörperten «Sünde» zu werden. Wer daran vorbei sich in einen überweltlichen, unbekümmert-seligen Gott hinein meditieren wollte, würde an der tiefsten Tiefe der Wahrheit vorbei sich in eine Illusion einlullen lassen. Die Sendung der christlichen Meditation kann nur sein: «seine ganze Person für diese Mühen» Gottes mit der Welt «zur Verfügung zu stellen» (n. 96).

Christlich meditieren, 84-85

– Ausströmen der Dinge aus Gott

Der letzte Schritt (n. 237) ist vielleicht der schwierigste, jedenfalls der christlich unerwartetste. Wir sollen meditierend das Dasein der Welt und all ihrer Werte sehen lernen als ein aus dem Ursprung Ausströmendes, «so wie von der Sonne die Strahlen absteigen und von der Quelle die Wasser». Man könnte vielleicht meinen, der heute erkannte evolutive Charakter des Alls, wie ihn ein Teilhard de Chardin gegenüber einem starren alten Weltbild aufgezeigt hat, brächte uns der hier gemeinten Dynamik näher. Sie mag es in gewisser Weise tun, trifft aber nicht das Zentrum dessen, was die Meditation vermitteln möchte. Es geht nicht um ein horizontales Ausströmen der Dinge auseinander, sondern um ein vertikales aus Gott.

Christlich meditieren, 85

Nochmals «Von oben herab»

Das erschaffende und erlösende Wirken Gottes im Geschöpf

Wie also dieses fließende «Von oben Herab» (n. 237) verstehen? Zunächst doch einfach so, daß Gottes «Ort» immer oben, der des Geschöpfs immer unten ist, und daß nichts im Geschöpf als endgültig begründet des ständigen erschaffenden und erlösenden Wirkens Gottes nicht bedürfte. Und dies gilt nicht allein für das nackte Dasein und alle bloßen Zuständlichkeiten der Kreatur, sondern durchaus auch für ihre Akte, gerade auch die höchsten, zu Gott hin strebenden, von denen man meinen könnte, sie strebten in entgegengesetzter Richtung: von unten nach oben, wie der platonische Eros es uns glauben lassen will. Aber wann ist dieses Streben zu Gott hin denn wirklich gottgemäß? Dann, wenn es, nach Augustinus, reine Sehnsucht *(desiderium)* nach Gott ist, eine Haltung, die im Innersten verstanden hat, daß Gott allein in seiner frei und gnadenvoll absteigenden Liebe diese Sehnsucht stillen kann. Geschöpfliche Sehnsucht kann kein Machtwille sein, von Gott Besitz zu ergreifen, sondern Hingabewille, sich von ihm ergreifen zu lassen. Und als solcher ist er selber von der Liebesform Gottes geprägt: Empfangsbereitschaft seiner absteigenden Liebe, und Wille, sich in der eigenen Liebe – zu Gott wie zum Menschen – dieser Abstiegsbewegung anzugleichen. Es ist die Bewegung, in der Gott uns das Wesen der absoluten Liebe offenbart hat: da der Vater den Sohn hinabsendet, der Sohn frei und willig hinabsteigt bis zu seinen geringsten Brüdern, der Heilige Geist bei der Taufe Jesu und beim Pfingsten der Kirche herabkommt, um die irdischen Schicksale des Herrn und seiner Kirche zu teilen und zu lenken. In dieser ökonomischen Bewegung Gottes zur

Welt hin schenkt er uns das auch für uns gültige Urbild von Liebe.

Christlich meditieren, 85-86

Das dramatische Sich-Einlassen Gottes mit seinem Geschöpf

Indem der letzte, vierte Schritt der «Betrachtung zur Erlangung der Liebe» (n. 237) die ökonomische Bewegung Gottes zur Welt hin aufzeigt, wird er zu einer Überhöhung des ersten, in welchem von dem Willen Gottes die Rede war, sich «gemäß seiner göttlichen Herablassung selber mitzuteilen, soweit er es nur vermag» (n. 234). «Oikonomia» ist das Wort für das dramatisch bewegte Sich-Herablassen und darin Sich-Einlassen Gottes mit seinem Geschöpf. Die Sprachnuance, die auf eine gnädige «Herablassung» eines absolutistischen Fürsten zu seinen geringen, unwürdigen Untertanen hinweist, fehlt im griechischen Wort «oikonomia» vollkommen, das nichts anderes besagt als die Zuwendung und Bemühung Gottes um seine Welt. Und wenn diese Bemühung, wie es heißt, die ins äußerste gehende Selbsthingabe Gottes an das Geschöpf ist, dann ist sie wesensgemäß nie als ein abgeschlossenes Faktum zu betrachten, sondern als ein sich je und je vollziehendes, immer neu überwältigendes Ereignis. Und dies gleichgültig, ob man die «Erhaltung» der Welt im Sein als eine «fortdauernde Schöpfung» bezeichnen will oder nicht. Auch gleichgültig, ob man auf Gottes Willen achtet, die Welt in ihrem Sein dauern zu lassen, oder auf seine «absolute Macht», sie jederzeit wieder ins Nichtsein versinken zu lassen. Diese Spekulationen treffen die christliche Erfahrung nicht, daß Gottes Zuwendung zur Welt im ganzen und zu jedem einzelnen Geschöpf in ihr ein immerfort «fließendes» Ereignis ist, dessen sich gerade der Meditierende am unmittelbarsten bewußt wird. Man könnte als eine Art Illustration das eucharistische Ereignis beiziehen: dieses immerfort neue Sich-Vergegenwärtigen des verklärten Herrn in der Zeitlichkeit seiner Kirche. Es ist aber als Ereignis nicht herauszuisolieren aus dem analogen Sich-Zuwenden jedem Beter, jedem Leidenden oder Sterbenden, jedem Wesen überhaupt, das als solches «von der höchsten und unendlichen Kraft oben herab» (n. 237) existiert.

Christlich meditieren, 87-88

Das Stöhnen der Schöpfung

Was in der alten Philosophie und Mystik stets als der Ort der Verbannung und Knechtschaft des Geistes betrachtet worden war, die Materie, aus der der Geist befreiend sich losringen muß: diese selbe Materie gewinnt in den Augen der heutigen Zeit ein anderes Gesicht. Sie wird zu einem Stufenreich sich folgender, sich irgendwie (noch wissen wir nicht wie) evolvierender Lebensgestalten, die innerlich ausgerichtet sind auf eine zu erreichende oberste Gestalt, den Menschen, der alle Naturformen in sich (ontogenetisch) rekapituliert, krönt und transzendiert. Der König der Schöpfung ist in seinem Reiche kein Fremder, kein *bloß* von oben Aufgesetzter, sondern *zugleich* ein in der Ahnenreihe seiner Vorformen von unten Aufgestiegener und ihr so erst seinshaft Verbundener, Kommunizierender.

Nun darf man sagen: die untermenschliche Natur verhält sich zum Menschen, die Natur-Geschichte verhält sich zur Menschheits-Geschichte analog wie der Alte Bund zu Christus. Beidemale ist es ein Hinschreiten und zuletzt ein Sprung. Und beidemale stammt die Dynamis des Fortschritts ideell von der zu erreichenden Energeia. Weil aber der Mensch, der «erste Adam von unten», von vornherein um des zweiten willen erschaffen wurde, deshalb kann die Solidarität Welt-Mensch radikal in der umgreifenden Heilsabsicht Gottes verankert werden (Röm 8, 19-22), die sich nicht nur im Ringen Israels und Gott-Vaters um Israel, nicht nur im Ringen («pale» Eph 6,12 heißt Ringkampf) der Kirche und Gott-Sohnes um die Kirche, sondern im Ringen der gesamten Menschheitsgeschichte, ja Kosmosgeschichte auszeugt, unter dem Mit-Ringen und Mit-Stöhnen des Heiligen Geistes (Röm 8,23.26). Und niemals wäre dieses Ringen des Kosmos um Gott und Gottes um den Kosmos (vgl. n. 236) so groß, wenn darin nicht, in der äußersten immanenten Anstrengung, eine Form geboren zu werden drängte, die alles Kosmische überragt. Geschichte hat ein immanentes Eidos, aber indem der zur Hölle abgefahrene Christus aufgefahren ist in den Himmel und sitzt zur Rechten des Vaters, hat er es mitemporentrückt, und die Geschichte kann es zuletzt nur dort wiederfinden.

Theologie der Geschichte, 105-106

Die Welt innerhalb des Strömens der trinitarischen Liebe

Aber es gibt noch einen dritten Aspekt dieses «fließenden Lichts der Gottheit» (vgl. n. 237), von dem Mechthild von Magdeburg so viel zu sagen weiß, und dieser weist zurück auf das anläßlich des zweiten Schrittes der «Betrachtung zur Erlangung der Liebe» Erwähnte (n. 235). Der «Ort» der Welt, wurde dort gesagt, ist in Gott selbst und das heißt: in seinem trinitarischen Leben, das als solches ein unabschließbares Fließen der göttlichen Personen auseinander, zueinander, ineinander ist. Ein immer aktuelles Sich-Schenken. Das Fachwort der «relatio subsistens» sagt über dieses unendliche Ereignis nichts aus, es sei denn man nehme «relatio» als ein tatvolles Sich-Beziehen, nicht von einem statischen Punkt aus, akzidentiell, sondern als die die göttlichen Personen selbst konstituierende Bewegung. Innerhalb dieses Flusses der absoluten

Liebe kann die geschaffene Welt kein regloser Punkt sein. Sie ist für die sich einander schenkenden Personen ein willkommener Anlaß des Schenkens: der erschaffende Vater schenkt die Welt dem erlösenden Sohn, der sie «nach Überwindung aller Feinde» (1 Kor 15,25) als vollendetes Reich dem Vater zu Füßen legt, aber dabei vom Vater wiederum als Haupt und Zusammenfassung des ganzen Weltwerkes eingesetzt wird. Der Geist beider ist als «dritter» der diesen unabschließbaren Kreislauf des Schenkens sowohl Anregende, wie Aktualisierende, wie Vollendende, aber keineswegs so, daß alles bei ihm mündete, wird doch alles durch ihn im Sohn zum Vater hin heimgeführt, der aber nur insoweit der Quell und Ursprung von allem ist, als er der immer nur aus sich selbst zu Sohn und Geist hin Ausströmende ist. Und dennoch ist das trinitarische Strömen kein richtungsloser Strudel, es bleibt in der strikten Einheit der «Substanz» (um das althergebrachte Wort zu gebrauchen) zugleich strikte, unumkehrbare Ordnung der Prozessionen.

Christlich meditieren, 88-89

Die Zustimmung des Geschöpfs

Man kann die innergöttlichen Bewegungen nicht von außen betrachten, man kann darin nicht einmal rein passiv von ihnen getragen werden; es bedarf dazu einer Zustimmung des Betrachtenden, der durch die Gnade Gottes in dieses sein strömendes Wesen (n. 237) miteinbezogen wird. Die Gnade Marias war es, als demütige Magd den ewigen Sohn mit dem Vater zusammen zu gebären. Die Gnade des menschgewordenen Sohnes ist es, uns seiner ewigen Geburt aus dem Vater teilhaftig zu machen und uns damit in seine Bewegung zum Vater zurück mitzunehmen. Die Gnade beider ist es, uns ihren gemeinsamen Geist nicht nur wie ein Ergebnis zu schenken (das kann der Geist gar nicht sein), sondern als einen, der je hervorgeht, sogar aus uns, wenn Vater und Sohn uns in ihr Hauchen des Geistes einbeziehen. Dies alles gehört zum lebendigen Glauben, der es einstweilen nicht sieht noch versteht; es wird aber zur «Schau» des ewigen Lebens gehören, die unsere Sehkraft ewig sowohl erfüllen wie übersteigen wird.

In dieses Mysterium wird der christlich Meditierende zuletzt immer wieder geführt; er wird es anbeten, ohne es zu durchschauen, im Bewußtsein, innen in ihm zu existieren: «In ihm leben wir, regen wir uns und sind wir» (Apg 17,28). Die Worte und Ereignisse des Evangeliums und seiner apostolischen Auslegungen geben ihm Licht genug, von Christus her die Umrisse des Mysteriums, das er uns offenlegt, um uns daran teilnehmen zu lassen, hinreichend abzusehen, um zu wissen, daß er keinem Wahn erliegt, sondern an der Wahrheit teilhat. Und wenn er von der Meditation in die alltägliche Tat übergeht, so vertieft die Logik der Tat in ihm noch einmal diese Gewißheit.

Christlich meditieren, 89-90

«SUSCIPE»

Finale

Übergabe

So ist Gott in allen Dingen die sich verströmende und verstrahlende trinitarische Liebesglorie (n. 237), in die hinein die Kreatur, die glaubend diese Glorie begriffen hat, sich im Schlußgebet zum Mitverstrahltwerden anbietet: «Nimm dir, Herr und übernimm meine ganze Freiheit», als den Inbegriff des Eigen- und Gegenüberseins, «mein Gedächtnis, meinen Verstand und meinen ganzen Willen», somit die augustinische imago Trinitatis im geschaffenen Geist, die ins Urbild zurückgestellt wird, «mein ganzes Haben und Besitzen», in freiwilliger Armut der Liebe. «Du hast es mir gegeben, zu dir, Herr, wende ich es zurück», in der plotinischen «epistrophē», die sich alt- und neutestamentlich zum Regreß aller Wesen und Herzen zum Gott der Liebe überhöht, «das Gesamte ist dein, verfüge nach deinem ganzen Willen, gib mir deine Liebe und Gnade, das ist mir genug» (n. 234).

H III/I/2, 461-462

Preisgabe

Gebet der Hingabe (n. 234)

Nimm Dir, Herr, und übernimm
meine ganze Freiheit, meinen Verstand
und allen meinen Willen.

mein Haben und Besitzen.
Du hast es mir gegeben,
zu Dir, Herr, wende ich es zurück;
das Gesamte ist Dein;
Verfüge nach Deinem ganzen Willen,
gib mir Deine Liebe und Gnade,
das ist mir genug.

«Nimm hin...»

Gottes Gesicht wie ein Antlitz, das aus dem Dunkel aufleuchtet: um es zu sehen, werfen wir alles, was wir besitzen, ins Feuer: die Welt, unsere Freuden, unsere Hoffnungen. Die Flamme schlägt hervor, verzehrt es, in ihrem Schein wird das geliebte Gesicht erhellt. Aber sie sinkt zurück; wir schüren sie mit dem Letzten, was uns bleibt: Ehre, Erfolg, unserm Willen, Verstand, Gemüt, endlich unserm Ich: *absume et suscipe* (n. 234). Es ist kein Schenken, sondern steigend das Wissen: ich werde genommen, muß mich ergeben. Gnade ist alles: Gottes Erscheinen; Gnade auch jedes Opfer, das mir das Feuer entreißt.

Das Weizenkorn, 11

Sich halten ... an den Unfaßbaren

Das eben ist und bleibt das Paradox, daß das Erfassen des wesentlich Unfaßbaren sich nur ereignet, wenn wir nicht festhalten, sondern unser Herz übergeben, wenn wir Gedächtnis, Verstand und Willen, alles, was wir sind und haben, dem göttlichen Feuer überlassen [...] (n. 234).

Sich halten, 249

Überlassen der persönlichen Freiheit

Die Übergabe des menschlichen Willens in den göttlichen Wahlwillen hinein ist die Preisgabe der persönlichen

Freiheit, sofern diese als eine neben der göttlichen existierende, besondere Größe vorgestellt wird oder vorhanden ist: «Nimm in deinen Besitz, Herr, und übernimm meine ganze Freiheit» (n. 234), damit diese nur noch von der göttlichen lebe, damit sie keinen andern Gegenstand mehr habe als die göttliche Wahlfreiheit selbst. Im Nichtvollziehenwollen menschlicher Freiheitsmöglichkeit als einer autonomen, von Gott gesonderten, in der vollkommenen Gehorsamsbindung an Ruf, Gnade und Sendung wird die höchste Chance dafür erblickt, in Gott an der absoluten Freiheit Anteil zu gewinnen.

Christlicher Stand, 325

Entborgenheit

Christliche Existenz ereignet sich biblisch vor dem geöffneten Himmel, in der sehr lebendigen Begleitung dessen, was Ignatius von Loyola die curia cœlestis (n. 98), den Hof Gottes nannte, in einer Aufgedecktheit vor der ganzen Welt der Liebe, die nichts gemein hat mit der armen Vorstellung eines verhüllten, einzig für Gottes Blick zugänglichen Gewissens. Die Entborgenheit des Menschen vor dem Himmel rechtfertigt für Paulus die Zuversicht, selbst einmal zu den ganz Enthüllten zu gehören.

Cordula, 73

Bejahung

Nicht-Zerstörung der persönlichen Freiheit

Die «formale» Forderung der Philosophie wird vom Christentum «materiell» erfüllt, auf der Ebene der Freiheit, deshalb ohne die (fast unvermeidliche philosophische) Gefahr des Pantheismus. Wenn Ignatius von Loyola betet: «Sume, Domine, et suscipe universam meam libertatem» (n. 234), so meint er mit «sume» gewiß kein «destrue» (wie es logisch eine stoische oder eine Zen-Philosophie ansetzen müßte).

Evangelium und Philosophie, 9

Der positive Charakter des «Suscipe»

Die angesichts der absoluten Positivität Gottes sichtbarwerdende Negativität des Geschöpfes muß von diesem *bejaht* werden, um Gott die absolute Norm sein zu lassen. Ausdruck dieser grundlegenden Bejahung wird in der von der Welt her zu Gott hin denkenden *Reflexion* über Gott und in der Gottes schlechthinnigen Vorrang preisenden hymnologischen Theologie (im berühmten Hymnus Gregors von Nazianz: PG 37, 507, oder beim Areopagiten) zu einem negierenden Moment nötigen («Du über allen, kein Wort kann Dich ausdrücken ...»), aber dieses Moment wird schon im schlicht auf Gottes Wort antwortenden Hingabegebet (etwa im «Suscipe» des hl. Ignatius, n. 234) keinen Eingang finden. Gott, der in seinem Wort nie stammelt, will auch nicht, daß sein ihm antwortendes Geschöpf wegen Gottes «Ganz-Anders-Seins» zu stammeln beginne.

Wenn das Geschöpf vor Gott seine «Nichtigkeit» anerkennen muß, so heißt das nicht, daß Gott dem Geschöpf nur die Negativität des Nicht-Gottseins gegeben hätte (wie extremer Platonismus auch in christlicher Theologie meint), und nicht die echte Positivität der *causa secunda* mit der ihr eigenen Freiheit und Würde; aber beides, Freiheit wie Würde, erfüllt sich in der Teilgabe, die Gott dem Geschöpf in sich und an sich schenkt. Deshalb liegen Begnadung (als Teilnahme an Gott), Befreiung (zu sich selbst) und Begabung mit einer personalen Sendung untrennbar ineinander, und so kann jeder freie Einsatz eingehen in die Einfalt des Geschöpfes zu Gott.

Christen sind einfältig, 90

Enteignung als wahre Freiheit

Sich selbst in seiner Eigentlichkeit bejahen heißt Gottes Ratschluß anerkennen, der uns durch das Kreuz (Eph 1,7) in unsere Wahrheit bringt. Gehorsam an den absoluten Gott ratifiziert die Freiheit, zu der uns Christus am Kreuz aus der Knechtschaft der Sünde befreit hat (Gal 5,1). Aber weil diese Freiheit sich im «Gehorsam an die Wahrheit» verwirklicht (1 Petr 1,22), ist [...] im Neuen Testament nur gedämpft und irgendwie unbetont von Freiheit die Rede. Denn wir sind uns selbst «enteignet», um Gott und seiner Liebesfreiheit zu dienen – und uns so und nur so selber zu finden.

Daher: «suscipe universam meam libertatem» (n. 234): da schon metaphysisch, erst recht christologisch, ein Geschöpf desto freier ist, je mehr es teilhat an der real sich ereignenden Freiheit Gottes, an seinem sich durchsetzenden Ratschluß, wie ihn z. B. Eph 1,3-10 schildert. Schon metaphysisch (Plotins «epistrophē»), erst recht christologisch ist die «Rückwendung» und «Rückgabe» der geschöpflichen in die absolute Freiheit *(a vos, Señor, lo torno)* der Akt, in dem allein das Geschöpf seine Autonomie, sein Selbstsein, seine Sendung finden kann. Der Begriff «frei» erhält bei Paulus dort Klang, wo er die Absetzung von der Knechtschaft der Sünde besagt, er verliert an Klang (vgl. schon die Warnung Gal 5,13), wo die Hinwendung zu Gott als neue In-Dienst-Nahme geschildert wird: Röm 7,16ff.: «jam non sibi vivant, sed ei...» (2 Kor 5,15).

Pneuma und Institution, 141

«Ecce ancilla»

Das Raumschaffen für Gott durch restlose Preisgabe alles Eigenen, das «sume et suscipe» (n. 234) Ignatius' von Loyola, ist letztlich die höchste Bejahung der sich schenkenden Liebe Gottes im Überwort seines Sohnes, dem der Mensch durch ein ihm geschenktes Überwort zu antworten versucht. Hier wird «negative Theologie» schließlich zum Ort der vollkommenen Begegnung, nicht in dialogischer Gleichwertigkeit, sondern in der Verwandlung des ganzen Geschöpfs in ein «ecce ancilla» für das es erfüllende Mysterium der unfaßlichen Liebe des sich entäußernden Gottes.

TL II, 113

Liebe

Wahl als gelebte Liebe

Im «suscipe universam meam libertatem» (n. 234) und im Austausch von «Besitz» und «Sein» (nn. 231, 234) zwischen Gott und Mensch liegt der Schlüssel für das Liebes-Geheimnis der Analogia electionis, das letztlich nur trinitarisch auflösbar ist: Liebe als Vorziehen des Willens des andern und somit als Gegenseitigkeit der Bestimmung: wie der Sohn nichts tut, als was er den Vater tun sieht und dennoch der Vater den Sohn immerdar erhöht.

Nur innerhalb dieses Liebesverhältnisses versteht sich dann auch die ganze *Breite* der Wahlmöglichkeiten, die sämtlich Spielformen der einzigen Analogia electionis bleiben: Ob es mehr Gott allein ist, der die Wahl bis ins Konkrete, Einzelne trifft, und die Liebe des Menschen sich als «passive» Wahl dieser Wahl äußert, oder ob Gott die menschliche Entscheidung innerhalb der Liebe und der Hingabe «aktiver» in seinen Wahlakt einbezieht, um die Einheit der Analogie auf diese Weise herzustellen: Keine dieser Spielformen steht grundsätzlich höher als die andere, und keine ist scharf von der anderen abgrenzbar (was doch der Fall sein müßte, wenn man sie außerhalb des Übernatürlichen und Trinitarischen betrachten würde, wo dann Gott *entweder* selber wählen *oder* den Menschen wählen lassen würde, wo man also die Menschen in zwei Kategorien einteilen müßte: solche, für die Gott wählt und solche, die selber wählen dürfen). Auch die Spannung zwischen Müssen und Dürfen in der Wahl bleibt eine relative; man ersieht es aus dem trinitarischen Verhältnis des Sohnes, dem der Wille des Vaters ebensosehr Rat, Wunsch *(placitum),* als Gebot *(mandatum)* ist. Überall braucht es hier den augustinischen Freiheitsbegriff, der die je größere Freiheit des Menschen in der je größeren gnadenhaften Partizipation an der Freiheit Gottes erblickt. Etwas anderes würde nur zu verzerrenden Anthropomorphismen in der Deutung der Wahl führen. Schließlich sind die von Ignatius angegebenen verschiedenen Wahl*modi* (nn. 175-188) nicht als Verschiedenheit der Wahl*inhalte* zu deuten, auch dann nicht, wenn die «erste Zeit» mehr Affinität zu einer prävalenten Wahlpassivität des Menschen, die «dritte Zeit» zu einer prävalenten Wahlaktivität des Menschen innerhalb der einen, unteilbaren Analogia electionis besitzt. Das Vorhandensein der «zweiten Zeit» genügt, um die angedeutete Zweiteilung zu verunmöglichen.

Exerzitien und Theologie, 231

Vollkommene christliche Liebe

Dem Christen ist [...], wenn man ernst redet, keine Wahl gelassen, ob er alles, wirklich alles auf die vollkommene christliche Liebe hin ausrichten will. Er muß es, in einem echten Entschluß, der einmal fürs Leben gefaßt werden kann, und dann doch täglich neu wiederholt, eingeübt, neu belebt werden muß. Das ist der Grundsinn der ignatianischen Exerzitien.

Diesem Willen zur christlichen Ganzheit gegenüber ist die Standesfrage geradezu sekundär, die Entscheidung zum Ergreifen der evangelischen «Räte» hängt dann ab von der Erfahrung persönlichen Berufenseins (wenn dieses fehlt, wäre es unvollkommen, ja freventlich, sich eigenmächtig in sie einzudrängen, und ist es entschieden vollkommener, den «Weltstand» zu wählen); jedoch ist die vom Menschen erreichte Bereitschaft zu diesem Schritt (*falls* Gott ihn wünscht [vgl. n. 98 usw.]), wenn sie echt ist, vor Gott gleichwertig mit dem aktuellen Ergreifen dieses Weges im Gehorsam. Denn wer solche Bereitschaft bekundet, hat seine ganze Existenz in Gottes Hand verfügt und auf eigenmächtige Gestaltung verzichtet; er hat Gott vorgezogen, er hat die Liebe.

Gottbereites Leben, 160

Endgültige Hingabe

Die vollkommene Liebe besteht in der bedingungslosen *Selbsthingabe*, im donum sui. «Die Liebe besteht in der Mitteilung von beiden Seiten, so daß der Liebende dem Geliebten gibt und schenkt, was er hat oder von dem, was er hat oder kann, und entsprechend der Geliebte dem Liebenden». Sie ist es so sehr, daß in der vollkommenen Liebe Gottes zum Geschöpf das ganze Sein der Welt, als Welt der Natur, der Gnade, der besonderen, persönlichen Erwählung nichts anderes ist als ein Beweis und eine Darstellung der ins Äußerste gehenden Liebe Gottes zu seinem Geschöpf: «Wie sehr er mir von dem gegeben hat, was er besitzt, und darum wie sehr derselbe Herr danach verlangt, sich selbst mir zu geben, soweit es ihm nur möglich ist gemäß seiner göttlichen Herablassung» (n. 231).

Die entsprechende Gegenhaltung der Kreatur, die sich aus der Hingabe Gottes «schuldigerweise» und «mit viel Begründung und Gerechtigkeit» ergibt, ist ausgedrückt im Hingabegebet der Exerzitien: «Nimm dir, Herr, und übernimm meine ganze Freiheit, mein Gedächtnis, meinen Verstand und meinen ganzen Willen, mein ganzes Haben und Besitzen. Du hast es mir gegeben, zu dir, Herr, wende ich es zurück; das Gesamte ist dein, verfüge nach deinem ganzen Willen; gib mir deine Liebe und Gnade, das ist mir genug» (n. 234). Inhalt jeder wirklichen Liebe ist dieser Akt der Hingabe, der alles Eigene in die Verfügung Gottes stellt, ihm alles als ein Weihegeschenk überläßt, mit der inneren Form eines Gelübdes.

Jedes äußere, formelle Gelübde lebt letztlich von einem *der Liebe selbst einwohnenden, mit ihrer Hingabebewegung identischen Gelübde.* Und dies um so mehr, als der Hingabewille der Liebe, wenn diese vollkommen ist, ein unbedingter, unwiderruflicher ist. Das «Suscipe», worin Ignatius das Ergebnis seiner Exerzitien zusammenfaßt, ist kein vorläufiger, nur für einige Zeit gemeinter Akt, sondern der Ausdruck eines absoluten, endgültig sein sollenden Willens. Wie die Liebe Gottes exklusiv und in gewisser Weise inklusiv ist, so nämlich, daß sie nichts, was außerhalb ihres geschlossenen Geheimnisses ist, kennt oder kennen will, so begibt sich auch die geschöpfliche, antwortende Liebe ein für allemal in den geschlossenen Kreis der göttlichen Verfügung und verschließt allem die Tür hinter sich, was außerhalb der Liebe sich findet. Indem sie im Akt der Hingabe vor allem übrigen ihre Freiheit Gott anbietet, beraubt sie sich frei der Freiheit, etwas außerhalb der Freiheit Gottes zu suchen und zu entscheiden. Sie wählt ein für alle Male die Wahl Gottes und verzichtet somit ein für alle Male auf irgendeine Freiheit der Wahl, die etwas anderes wählen könnte, als was Gott für sie wählt. Denn ihre Freiheit soll fürderhin nicht mehr darin bestehen, das zu wählen, was ihr selber gefällt, sondern was dem Geliebten genehm ist. Nur für den, der außerhalb der Liebe steht und für den Freiheit mit egozentrischer Selbstbestimmung zusammenfällt, muß diese Hingabe der Freiheit in der Liebe als ein Freiheitsentzug erscheinen. Aber «so wie das Nicht-sündigen-Können die Freiheit nicht mindert, so vermindert auch die zum Guten hin gefestigte Notwendigkeit des Willens nicht die Freiheit, wie an Gott und den Seligen ersichtlich wird, und solchergestalt ist auch die Nötigung des Gelübdes, die eine Ähnlichkeit hat mit dem Gefestigtsein der Seligen» (Thomas, S.Th., II/II 88, 4 ad 1). *Die Endgültigkeit liegt im Sinne der Hingabe selbst.* Hingabe auf Zeit wäre damit überführt, überhaupt keine wirkliche Hingabe zu sein, sondern höchstens ein vorbereitender, abwartender, erprobender Zustand auf die wirkliche Hingabe hin.

Christlicher Stand, 45-47

Liebe und Gelübde

Die Liebe verhält sich [...] zum dreifachen Gelübde in einer dreifachen Beziehung: Sofern die Gelübde – geistig oder formell abgelegt – der noch unvollkommenen Liebe behilflich sind, die Hindernisse auf dem Weg der vollen Liebe wegzuräumen, erscheinen sie als ein Mittel zu dem Zweck, der die Liebe ist und der sie transzendiert.

Sofern die Liebe aber selbst wesentlich Hingabe ist, besitzt sie in formeller wie materieller Weise Gelübdecharakter, sie enthält die Gelübde inhaltlich wie formal in sich als ihr Wesen und als deren immer neuen Ausdruck.

Sofern die Liebe als Hingabe zugleich Indifferenz Gottes Willen gegenüber ist, bleibt sie bereit, ihren allgemeinen Gelübdecharakter in dieser oder jener konkreten Lebens- und Standesform, je nach dem Willen Gottes, sich verwirklichen zu lassen. Sie enthält somit, auch wenn sie wirklich vollkommen ist, potentiell die Bereitschaft zu äußerlich abgelegten Gelübden in sich, ohne jedoch diese von sich aus vorwegzunehmen. Bis zur Erkenntnis des Willens Gottes «will sie ihre Sorgfalt daran wenden, alles der Neigung nach zu verlassen, indem sie ihre Kraft daran setzt, keine bestimmte Sache zu erstreben, außer wenn einzig der Dienst unseres Herrn sie bewegt, so daß die Sehnsucht, jeweils besser Gott unserem Herrn dienen zu können, sie zur Annahme oder zum Lassen der Sache bestimmt» (n. 155).

Christlicher Stand, 50

QUELLENVERZEICHNIS

1. Zitierte Veröffentlichungen Hans Urs von Balthasars[1]

Abschiedsbrief an die Gesellschaft Jesu, in: E. Guerriero, 402-408 (vgl. Quellenverzeichnis 2).

Adriennes Charisma, in: Adrienne von Speyr und ihre kirchliche Sendung. Akten des römischen Symposiums, 1986, 173-178.

Alle Wege führen zum Kreuz, in: IkZ Communio 9 (1980) 333-342.

Ansprache Hans Urs von Balthasars bei der Verleihung des Internationalen Preises Paul VI., in: Istituto Paolo VI. Hans Urs von Balthasar, Premio Internazionale Paolo VI (Brescia 1984) 27-28; vgl. Osservatore Romano (24.6.1984) 4.

Augustinus : Der Gottesstaat (De Civitate Dei). Einleitung, [2]1982.

Christen sind einfältig, 1983.

Christlich meditieren (Herder, Freiburg 1984).

Christlicher Stand, [2]1981.

Cordula oder der Ernstfall, [4]1987.

Das betrachtende Gebet, [4]1976.

Der dreifache Kranz. Das Heil der Welt im Mariengebet, [3]1979.

Der Kreuzweg des Herrn. Im Kolosseum gebetet von Papst Johannes Paul II., 1989.

Du hast Worte ewigen Lebens. Schriftbetrachtungen, 1989.

Erster Blick auf Adrienne von Speyr, [4]1989.

Evangelium und Philosophie, in: Freiburger Zeitschrift für Philosophie und Theologie 23 (1976) 3-12.

Exerzitien und Theologie, in: Orientierung 12 (1948) 229-232.

[1] Die im folgenden Verzeichnis kursiv gedruckten Teile der aufgeführten Titel entsprechen den hier verwendeten Kurztiteln (bzw. Siglen). Die ohne Verlagsangabe angeführten Werke sind im Johannes Verlag Einsiedeln erschienen.

Geist und Feuer. Origenes: Ein Aufbau aus seinen Werken, [3]1991.
Gericht, in: IkZ Communio 9 (1980) 227-235.
Glaubhaft ist nur Liebe, [5]1985.
Gottbereites Leben. Der Laie und der Rätestand. Nachfolge Christi in der heutigen Welt, 1993.
Herrlichkeit. Eine theologische Ästhetik [= H], Bd. I. Schau der Gestalt, [3]1988; Bd. III/1/2. Im Raum der Metaphysik, Teil II. Neuzeit, [2]1975; Bd. III/2/2. Theologie. Neuer Bund, [2]1988.
Homo creatus est. Skizzen zur Theologie V, 1986.
Interview: Geist und Feuer. Ein Gespräch mit und über Hans Urs von Balthasar, in: Herder Korrespondenz 30 (1976) 72-82.
Katholische Meditation, in: Geist und Leben 51 (1978) 28-38.
Klarstellungen. Zur Prüfung der Geister, [4]1978.
Kleiner Diskurs über die Hölle (Schwabenverlag, Ostfildern [2]1987).
La realtà e la gloria. Articoli e interviste 1978-1988 (EDIT, Milano 1988).
Le sacrement de pénitence (Adrienne von Speyr et –), in: Nouvelle Revue Théologique 107 (1985) 394-403; deutsch nach dem ungedruckten Manuskript.
Licht des Wortes. Skizzen zu allen Sonntagslesungen, [2]1992. (Die Seitenzahlen der ersten Ausgabe im Paulinus-Verlag, Trier 1987, sind in Klammern beigefügt.)
Louis Lallemant : Geistliche Lehre. Einleitung, 1960.
Maria für heute (Herder, Freiburg [2]1988).
Mechthild von Hackeborn : Das Buch vom strömenden Lob. Einleitung, [3]1993.
Mein Werk. Durchblicke, 1990.
Neue Klarstellungen, 1979.
Pneuma und Institution. Skizzen zur Theologie IV, 1974.
Schleifung der Bastionen. Von der Kirche in dieser Zeit, [5]1989.
Schwestern im Geist. Therese von Lisieux und Elisabeth von Dijon, [4]1990.
Sich halten – an den Unfaßbaren, in: Geist und Leben 52 (1979) 246-258.

Spiritus Creator. Skizzen zur Theologie III, [2]1988.
Sponsa Verbi. Skizzen zur Theologie II, [2]1971.
Theodramatik [= TD], Bd. I. Prolegomena, 1973; Bd. II/1. Die Personen des Spiels. Der Mensch in Gott, 1976; Bd. IV. Das Endspiel, 1983.
Theologie der Geschichte. Ein Grundriß (Neue Fassung), [5]1979.
Theologik [= TL], Bd. I. Wahrheit der Welt, [2]1985; Bd. II. Wahrheit Gottes, 1985; Bd. III. Der Geist der Wahrheit, 1987.
Thessalonicher- und Pastoralbriefe des heiligen Paulus. Für das betrachtende Gebet erschlossen, [2]1992.
Unser Auftrag. Bericht und Entwurf, 1984.
Warum ich Priester wurde, in: E. Guerriero, 399-401.
Weizenkorn (Das). Aphorismen, [3]1989.

2. Öfter zitierte Werke zu Hans Urs von Balthasar

Hans Urs von Balthasar, Gestalt und Werk. Herausgegeben von Karl Lehmann und Walter Kasper (Communio Verlag, Köln 1989) (= Gestalt und Werk*)*.
Elio Guerriero, Hans Urs von Balthasar. Eine Monographie (Johannes Verlag Einsiedeln, Freiburg 1993) (= E. Guerriero).

3. Ignatianische Quellenwerke und Abkürzungen

Autógrafo = San Ignacio de Loyola: Ejercicios Espirituales [Text des spanischen Originals des Exertizienbuchs]. Vgl. die kritische Ausgabe in MHSJ, Bd. 100; Handausgabe von C. de Dalmases (Santander 1987).
Bericht = Der Bericht des Pilgers, MI IV/I, in MHSJ, Bde. 66, 353-507 [Kritische Ausgabe des spanisch-italienischen Urtextes der Lebenserinnerungen des hl. Ignatius von Loyola (1533-1555), diktiert an P. Lud. Gonzáles da Cámara]. Deutsche Übersetzung von P. Knauer (St. Benno

Verlag, Leipzig 1990). Die beigefügten Ziffern beziehen sich auf die Nummern dieser kritischen Ausgabe und der neueren Ausgaben.

Briefe = Briefe des Ignatius, 12 Bde, MI I/I-XII, in MHSJ, Bde 22, 26, 28, 29, 31, 33, 34, 36, 37, 39, 40, 42. Deutsche Teilübersetzung von H. Rahner (Einsiedeln ^{3}1956). Die beigefügten Ziffern beziehen sich auf diese von Balthasar zitierte Ausgabe. Neuere Ausgabe: Briefe und Unterweisungen. Übersetzt und herausgegeben von P. Knauer (Würzburg 1993).

Const. = Sancti Ignatii Constitutiones et Regulae Societatis Jesus, 4 Bde., MI III, in MHSJ, Bde 63, 64, 65, 71 [Kritische Ausgabe der Ordenssatzungen]. Deutsche Übersetzung von P. Knauer (Frankfurt a. M. ^{4}1980). Die beigefügten Ziffern beziehen sich auf die Nummern dieser kritischen Ausgabe.

Dir. = Cl. Acquaviva, Directorium Exercitiorum Spiritualium, MI II/II, in MHSJ, Bd. 76 [offizielles Directorium zum Exerzitienbuch vom Jahre 1599]. Deutsche Übersetzungen von L. Zodrow (Frankfurt a. M. 1988/89). Die beigefügten Ziffern beziehen sich auf die Seiten dieser kritischen Ausgaben.

DS = Enchiridion symbolorum, hrsg. von Denzinger-Schönmetzer (36. Aufl. 1976).

DSp = Dictionnaire de spiritualité ascétique et mystique. Doctrine et Histoire, hrsg. von M. Viller, Paris 1932ff, i. B. Stichwörter: Application des sens, Bd. I (1937) 810-828, Combat spirituel, Bd. II (1933) 1135-1142 und Discernement des esprits, Bd. III (1957) 1222-1291.

EB = Ignatius von Loyola, Die Exerzitien. Übertragen und mit einem Nachwort versehen von Hans Urs von Balthasar ^{11}1993.

Form. Instituti = Formula Instituti S.J. I: Bulla prima Pauli III, Regimini militantis Ecclesiae, du 27 septembre 1540 (in: MI III, I [MHSJ, Bd. 63], 24-32); II: Bulla Julii II, Exposcit debitum, du 21 juillet 1550 (in: MI III, I [MHSJ, Bd. 63] 372-383). [Die Formula Instituti bildet die eigentliche Regel der Gesellschaft Jesu: vgl. MI III, II, MHSJ, Bd. 64, S. CCXX-CCXXI.]

FN = Fontes narrativi de sancto Ignatio et de Societatis Jesu Initiis, Roma 1943-1965, 4 Bde, in MHSJ, Bde 66, 73, 85, 93 [Kritische und erweiterte Neuausgabe der zeitgenössischen Quellen zu Ignatius in MI IV/I].

Maréchal = Maréchal J., Etudes sur la psychologie des mystiques, Bd. 2 (Paris 1937), 365-382 und Application des sens, in DSp, Bd. I (1937) 810-828.

MHSJ = Monumenta Historica Societatis Jesu, Madrid/Roma 1894ff. (Die ersten 100 Bände sind numeriert nach: Guia Manual de los documentos historicos de la Compagnia de Jesus, Roma 1971) [Quellenwerk zur Geschichte des Jesuitenordens].

MI = Monumenta Ignatiana Societatis Jesu [Werke des hl. Ignatius und zeitgenössische Quellen zu seinem Leben], I: series I, Epistolae et Instructiones S. Ignatii, 12 Bde, in MHSJ, Bde 22, 26, 28, 29, 31, 33, 34, 36, 37, 39, 40, 42 [Briefe und Unterweisungen des hl. Ignatius]; II: series II, Exercitia spiritualia eorumque Directoria, 3 Bde, in MHSJ, Bde 57, 10, 76 [Geistliche Übungen und älteste Direktorien (1540-1599)]; III: series III, Sancti Ignatii Constitutiones Societatis Jesu, 4 Bde, in MHSJ, Bde 63, 64, 65, 71 [Ordenssatzungen und Regeln des Jesuitenordens; Geistliches Tagebuch]; IV: series IV, Scripta de S. Ignatio, 7 Bde, in MHSJ, Bde 25, 56, 66, 73, 85, 93, 115 [Zeitgenössische Quellen zum Leben des hl. Ignatius; Akten zur Heiligsprechung].

n. = Nummer der Exercitia Spiritualia S. Ignatii, MI II/I, in MHSJ, Bd. 100, hrg. von J. Calveras [Kritische Ausgabe des Exerzitienbuchs]. Die beigefügten Nummern beziehen sich auf diese Ausgabe und die neueren Ausgaben des Autógrafo.

Olphe-Gaillard = Olphe-Gaillard M., Les sens spirituels dans l'histoire de la spiritualité: Nos sens et Dieu, in: EtC (1954) 179-193.

Peeters = Peeters L., Vers l'union divine par les Exercices de saint Ignace (Bruges 1924).

Pinard = Pinard de la Boullaye H., Sentir, sentimiento y sentido dans le style de s. Ignace, in: AHSJ 25 (1956) 416-430.

Przywara = Przywara E., Deus semper major. Theologie der Exerzitien, 3 Bde (Wien ^{2}1964).

Rahner H. = Rahner H., Die Anwendung der Sinne in der Betrachtungsmethode des hl. Ignatius von Loyola, in ZKTh 79 (1957) 434-456.

Suarez = Suarez F., De religione Societatis Jesu (1625), in: Opera Omnia, Paris 1866. Vgl. i. B. De spiritualibus Exercitiis, hrg. von P. Debuchy (Paris 1910).

Tagebuch = Geistliches Tagebuch des heiligen Ignatius von Loyola, MI III/I, in MHSJ, Bd. 63, S. 86-158. Deutsche Übersetzung von A. Haas und P. Knauer (Freiburg 1961).

Versio litteralis = Ignatius de Loyola: Exercitia spiritualia. Versio litteralis ex autographo hispanico notis illustrata (1835; Marietti 1928) [Übersetzung des autógrafo ins Lateinische von J. F. Roothaan].

Versio vulgata = Ignatius de Loyola: Exercitia spiritualia. Versio vulgata (1548) [Übersetzung des autógrafo ins Lateinische von A. des Freux]. Hrsg. von B. Schneider (Osnabrück 1971).

Vogt = Vogt P., Die Exerzitien des hl. Ignatius ausführlich dargelegt in Aussprüchen der hl. Kirchenväter, Bd. III/2 (Regensburg 1925).

Wulf = Wulf Fr. (Hrsg.), Ignatius von Loyola. Seine geistige Gestalt und sein Vermächtnis, 1556-1956 (Würzburg 1956) mit verschiedenen Beiträgen, i. B. von Jos. Stierli (Das Ignatianische Gebet: Gott suchen in allen Dingen, 151-182) und H. Rahner («Werdet kundige Geldwechsler». Zur Geschichte der Lehre des hl. Ignatius von der Unterscheidung der Geister, 301-341).

REGISTER

1. Exerzitien

2. Personen

3. Sachen